디토랜드로 만드는
새로운 세상,
메타버스
디토랜드 스튜디오 활용 기본 편

디토랜드로 만드는 새로운 세상, 메타버스
디토랜드 스튜디오 활용 기본 편

초판 1쇄 발행 2022년 7월 20일

지은이 (주)유티플러스인터랙티브 교육사업본부, (주)에프티엘
연구 강다은, 김다슬, 이명우, 이유정, 정승모, 차민수, 홍한들

교정 김우연, 호정숙, 서은영
표지 디자인 윤혜성
내지 디자인·편집 윤혜성
마케팅 고은빛, 정연우

펴낸곳 지식과감성#
출판등록 제2012-000081호

발행인 주식회사 에프티엘
주소 서울특별시 은평구 통일로 833-5 정익제이원 204호
전화 070-4414-7980
이메일 ftl@ftl.education
홈페이지 https://ftl.imweb.me/

ISBN 979-11-392-0578-7(세트)
ISBN 979-11-392-0574-9(04000)
값 22,000원

• 이 책의 판권은 지은이에게 있습니다.
• 이 책 내용의 전부 또는 일부를 재사용하려면 반드시 지은이의 서면 동의를 받아야 합니다.
• 잘못된 책은 구입하신 곳에서 바꾸어 드립니다.

지식과감성#
홈페이지 바로가기

디토랜드로 만드는 새로운 세상, 메타버스

디토랜드 스튜디오 활용 기본 편

상상을 현실로 디토랜드!

나만의 메타버스를 만들기 위한 기초 필독서

㈜유티플러스인터랙티브 교육사업본부 · ㈜에프티이엘 지음

지식과감성#

추천사

형용준 교수
現 KAIST 창업 대학 초빙 교수, 前 싸이월드 창업자

이 책은 메타버스의 개념뿐만 아니라 사람들이 메타버스에 반응하는 이유, 메타버스의 보완점까지 고민하는 그야말로 '메타버스 총서'다. 또한 디토랜드라는 뛰어난 국내 플랫폼으로 메타버스를 직접 만들어 보며 메타버스를 경험하는 우리의 모습을 스스로 탐색하는 계기를 마련한다.

메타버스 세상 속 모습을 보면, 2000년대의 싸이월드 미니홈피가 떠오른다. 2D가 3D로 확장되고 기술도 발전했지만, 아바타를 움직이는 '본캐' 유저들의 열망은 비슷하다고 느낀다. 과연 메타버스는 유저들의 어떤 열망을 끌어들이는가? 이 책이 그러한 물음에 답할 수 있는 길잡이가 되기 바란다.

임홍순 대표
現 빅트리 대표, 한국산업기술대학교 경영학부 겸임교수, 마르퀴즈 세계인명사전 등재, KAIST 경영공학 박사

메타버스는 현실 세계의 연장이자, 인류의 또다른 세계이다. 이곳에서 우리는 AI의 어떤 기술을 적용할 수 있으며, 어떤 기회를 잡을 수 있을까? 해답의 실마리를 찾으려면 무엇보다도 메타버스 플랫폼의 구체적인 사례를 알아보고, 사용법과 기능을 샅샅이 체험해 보아야 할 것이다.

이 책은 메타버스의 떠오르는 다크호스 '디토랜드' 플랫폼을 파헤치며 누구나 메타버스 세상을 창조하도록 기회를 제공하고, 동시에 메타버스의 과거부터 미래까지 파고든다는 점에서 그러한 갈증을 해소하는 항해서이다.

임상빈 대표
現 로보라이즌 대표, 前 KAIST 휴보로봇연구소 연구원

메타버스는 최근 가장 인기있는 단어다. 이 책에서는 메타버스에 대한 이해를 얻을 수 있음은 물론, 실제로 메타버스를 구축하는 툴(tool)인 디토랜드를 활용해 직접 메타버스를 만들 수 있는 방법을 잘 설명하고 있다.

코딩 교육용 로봇을 개발하면서, 하나로 완성된 형태가 아니라 한 종류의 모듈로 무한히 확장하도록 만든 바 있다. 지금의 시대는 이처럼 대부분의 것을 이룰 수 있는 기술이 갖춰진 세상이지만, 그 기술을 어떻게 확장하고 어떻게 쓰는지는 사용자가 스스로 생각하고 배워야만 한다. 이러한 점에서 메타버스가 주목을 받는 것은 어쩌면 당연한 수순이다. 이 책의 독자들이 상상을 무한히 확장해 보기를, 그리고 자신만의 메타버스를 만들어 보기를 바란다.

목차

**CHAPTER 1
메타버스의 개념 및 특성**

추천사   5

1. 메타버스란 무엇인가?   12
   1.1 메타버스의 개념   12
   1.2 메타버스의 특성   14
    1 가상 공간에서의 '나', 아바타의 활용   15
    2 함께하기 위한 공간, 소통의 발전   17
    3 디지털 경제의 시작, 가상 통화   17

   1.3 메타버스의 과거와 현재   18
    1 정보 검색을 위한 인터넷의 발달   18
    2 디지털 기기를 활용한 의사소통   20
    3 가상 환경 기반의 일상화   20

2. 메타버스의 종류   25
   2.1 가상 현실(VR)   25
   2.2 증강 현실(AR)   26
   2.3 거울 세계   27
   2.4 라이프 로깅   28

3. 메타버스 플랫폼의 사례   29
   3.1 UGC 메타버스 플랫폼   29
    1 떠오른 다크호스, 디토랜드   30
    2 메타버스와 함께 높아진 위상, 로블록스   33
    3 온라인 장난감 세상, 마인크래프트   34

   3.2 3D 소셜 네트워크 플랫폼   35
    1 모바일로 만드는 메타버스, 디토랜드 플레이스   35
    2 SNS를 기반으로 한, 제페토   36
    3 메타버스 라이프를 꿈꾸는, 이프랜드   37
    4 글로벌 팬덤 플랫폼, 위버스   38

3.3 특정 공간 플랫폼	39
1 메타버스로 출근한다, 게더타운과 메타폴리스	39
2 대학 수업과 행사도 메타버스에서, 인게이지, 스노우버스, 이프랜드	40
3 메타버스에서 공연도 한다, 포트나이트	42
4 메타버스로 즐기는 K-콘텐츠, 디토랜드	42
4. 메타버스와 게임의 관계	**44**
4.1 메타버스 속 게임의 역할	44
4.2 게임의 핵심 요소	45
1 Mechanics / 게임 기법	45
2 Dynamics / 플레이어 경험	46
3 Aesthetics / 감각적 반응	46
4.3 게임으로 이해하는 메타버스 활용법	47

CHAPTER 2
나만의 메타버스 만들기

1. 디토랜드로 시작하는 메타버스	**50**
1.1 디토랜드 알아보기	50
1 디토랜드 소개	50
2 디토랜드 특징	50
1.2 디토랜드 시작하기	51
1 디토랜드 플랫폼 접속하기	52
2 디토랜드 프로그램 설치하기	53
3 메타버스 체험하기	59
1.3 디토랜드 대시보드로 아바타 만들기	67
1 아바타 제작	67
2 커스텀	67
(1) 체형	68
(2) 얼굴형	69
(3) 눈, 코, 눈썹, 입	70
3 아이템 샵	71
(1) 아이템 구매 방법	71
(2) 장바구니	72
(3) 모션 - 번들	73
(4) 모션 - 감정표현	74
4 인벤토리	75

1.4 디토랜드 스튜디오로 메타버스 만들기	76
1 월드와 랜드란?	76
2 스튜디오 메뉴 구성	76
(1) 메뉴(Menu) 바	77
(2) 툴(Tool) 바	77
(3) 월드트리	80
(4) 프로퍼티	81
(5) 툴박스	82
(6) 태스크(Task) 바	82
1.5 모바일로 즐기는 메타버스	83
1 디토랜드 앱 설치하기	83
2 디토랜드 모바일 살펴보기	85
3 디토랜드 플레이스 활용하기	95
실습 디토랜드 플레이스로 실내 강연장 만들기	101

2. 메타버스와 3D 모델링   108

2.1 3D 모델링(modeling)이란?	108
2.2 메타버스 랜드의 필수요소 '토이'	113
1 토이란?	113
2 오브젝트, 메쉬, 데칼 알아보기	115
실습 벽돌 토이 만들기	118
3 나만의 오브젝트 만들기	120
실습 기본 오브젝트 디자인하기	122
1 버섯 대 만들기	122
2 버섯 갓 모양 만들기	123
3 버섯의 갓 무늬 표현하기	124
실습 동물 캐릭터인형 디자인하기	126
1 인형 머리 만들기	126
2 인형 몸통 만들기	129
3 꼬리와 갈기 만들기	131
4 툴박스에 토이 업로드하기	133
(1) 사용된 오브젝트 선택하기	133
(2) 그룹화하기	134
(3) 툴박스 업로드하기	134

3. 나만의 메타버스 만들기 — 137
3.1 메타버스를 만드는 과정 — 137
- **1** 기획하기 — 138
- **2** 공간 디자인하기 — 140
- **실습** 나만의 메타버스 미니룸 꾸미기 튜토리얼 1 — 151
  - **1** 미니룸 템플릿 다운로드하기 — 151
  - **2** 미니룸 템플릿 열기 — 152
  - **3** 유리창 만들기 — 153
  - **4** 실내 꾸미기 — 155
  - **5** 수영장 꾸미기 — 157

3.2 디토랜드 스튜디오로 프로그래밍하기 — 158
- **1** 프로퍼티 수정하기 — 159
- **실습** 나만의 메타버스 미니룸 꾸미기 튜토리얼 2 — 163
  - **1** Environment(환경) 바꾸기 — 163
  - **2** 램프 추가하기 — 164
  - **3** 의자 스크립트 활용하기 — 166
  - **4** 테스트 플레이하기 — 168
- **2** 스크립트 토이 활용하기 — 169
- **실습** Ladder(사다리)토이 스크립트 응용하기 — 173
  - **1** 토이 불러오기 — 173
  - **2** 스크립트 기능 옮기기 — 174
  - **3** 테스트 플레이하기 — 176
- **3** 제작 가이드 및 샘플맵 활용하기 — 177
- **실습** NPC 기능 활용하기 — 180
  - **1** NPC 샘플맵 다운로드하기 — 180
  - **2** 디토랜드 스튜디오에서 NPC 샘플맵 불러오기 — 182
  - **3** NPC 샘플맵 테스트 플레이하기 — 183
  - **4** NPC 이름 바꾸기 — 184
  - **5** NPC 출력 메시지 변경하기 — 185
  - **6** NPC 애니메이션 테마 및 의상 바꾸기 — 187
  - **7** 테스트 플레이로 변경된 설정 확인하기 — 188
- **실습** 영상 업로드하기 — 189
  - **1** YouTube 오브젝트 추가하기 — 190
  - **2** YouTube 링크 추가하기 — 192
  - **3** 화면의 위치 및 크기 조절하기 — 193
  - **4** 테스트 플레이로 설정 확인하기 — 194

3.3 메타버스 출시하기 195
1 알파 테스트와 베타 테스트 195
2 메타버스 출시 및 업데이트 195
3 디토랜드 그룹 기능 사용하기 200

CHAPTER 3
메타버스의 미래 전망과 보완점

1. 메타버스의 발전 방향 204
1.1 비대면의 장점 활용 204
1.2 현실 세계의 연장 206
1.3 미래 기술 발전에 따른 지속가능성 208

2. 메타버스의 보완점 210
2.1 메타버스 공간에서의 윤리적 인식 211
2.2 메타버스 관련 문제 인식 212
1 신종 온라인 범죄 212
2 메타 페인 214
3 디지털 격차의 심화 215

용어사전 217

CHAPTER 1

메타버스의 개념 및 특성

1. 메타버스란 무엇인가?
2. 메타버스의 종류
3. 메타버스 플랫폼의 사례
4. 메타버스와 게임의 관계

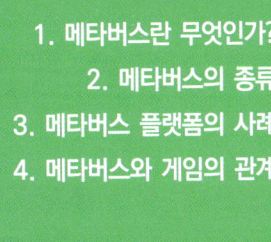

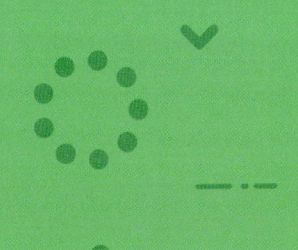

1 메타버스란 무엇인가?

1.1 메타버스의 개념

　메타버스가 한창 사람들의 입에 오르내리기 시작한 2021년 어느 날, 메타버스가 무슨 버스인지 궁금해하는 사람들이 많았습니다. 우스갯소리로 메타버스를 어디에서 탈 수 있는지 물어보는 분들도 있었습니다. 메타버스는 Meta와 Universe가 결합된 단어로, 여기서 Meta는 '초월'을, Universe는 '현실 세계'를 의미합니다. 즉, 메타버스는 가상 세계와 현실 세계가 상호 작용하는 공간이며, 현실과 가상의 연결점이 3차원 공간, 즉 3D로 구현되어 또 하나의 세계를 이루는 것입니다. 메타버스가 갑자기 떠오르면서 대체 어디서 나타난 용어인지 궁금해하시는 분들이 많습니다. 메타버스라는 용어는 1992년 닐 스티븐슨(Neal Stephenson)의 소설인 『스노 크래시(Snow Crash)』에서 처음 등장했습니다. 소설 속에서는 현실만큼 가상 공간이 중요하게 여겨지는 사회가 나타난다고 하는데, 소설에서 상상으로만 존재하던 기술이 구현되어 이제 소설 속 세상을 우리가 살아가고 있습니다.

　메타버스는 가상 공간과 현실 세계를 분리할 수 없는 두 가지가 공존하는 세상입니다. 현실 세계에서 메타버스로 전송되는 데이터는 현실보다 더 현실 같을 때도 있고, 한번 빠지면 헤어 나오기 어려울 정도의 몰입감을 줍니다. 코로나19로 인한 팬데믹 상황으로 오프라인의 거의 모든 활동들이 중단된 이후, 사람들은 온라인에서 탈출구를 찾았습니다. 코로나19가 점차 확산되기 시작하면서 일상의 비대면 전환이 시작되었고, 그 수단으로 메타버스가 사용되며 점차 우리 삶에서 필수적인 요소가 되어 가고 있습니다. 이와 동시에 메타버스 관련 기술이 발전하면서 다양한 모습의 메타버스 플랫폼이 생겨났습니다. 모양은 다르지만 그 본질은 비슷합니다.

IT/미디어 전문가인 매튜 볼(Matthew Ball)은 메타버스의 속성을 다음 7가지로 정리했습니다.

지속적이다

메타버스는 리셋되거나 일시정지 되거나 끝나지 않습니다. 메타버스 세상은 무한하게 지속됩니다. 우리가 지금 살고 있는 세계의 시간이 계속해서 흘러가는 것처럼 메타버스의 시간 또한 멈추지 않습니다.

실제 삶과 실시간으로 동기화된다

현실을 사는 것과 마찬가지로 메타버스는 사람들의 실제 삶에 존재하는 살아 있는 경험입니다.

동시 참여 인원의 제한이 없으며 실재감을 느낄 수 있다

모든 사람들이 메타버스에 접속할 수 있고 메타버스에서 열리는 이벤트나 활동에 참여할 수 있습니다.

제대로 돌아가는 경제 체계를 구축한다

개인과 기업은 메타버스상에서 창작하고, 소유하고, 투자하고, 판매를 할 수 있습니다. 따라서 일의 범위가 넓어지기 때문에 가치 창출을 하는 방법 또한 다양해집니다.

광범위한 경험이 가능하다

디지털 세계와 물리적인 세계, 사적 또는 공적인 네트워크와 경험, 그리고 공개 또는 비공개 플랫폼까지 경험이 확장할 수 있습니다.

전에 없었던 상호 운용을 제공한다

데이터, 디지털 아이템/자산, 콘텐츠 등 메타버스에서 생산하거나 얻은 것들을 현실 세계에 가져와서 쓰거나 메타버스 플랫폼끼리 교류하는 데 사용할 수 있습니다.

매우 넓은 범위의 콘텐츠와 경험으로 채워져 있다

메타버스는 개인부터 기업까지 다양한 주체가 만들어 낸 콘텐츠와 경험들로 가득 차 있는 공간입니다.[1]

---

[1] The Metaverse: What It Is, Where to Find it, and Who Will Build It, https://www.matthewball.vc/all/themetaverse

그렇다면 메타버스의 가치는 어디에서 나올까요? 현실 세계를 뛰어넘어 시공간에 구애받지 않는 공간 등 다양한 가치가 있지만 그중에서도 '무한한 시도가 가능하다'는 점을 강조하고 싶습니다. 메타버스는 무엇이든 시도해 볼 수 있는 공간입니다. 현실 세계에서 건물을 한 채 짓는다고 생각해 봅시다. 하나의 건물을 완성하기까지 많은 비용과 시간과 인력이 필요합니다. 설계에서 시공까지 수많은 요소들을 고려해야 하고 만약 그 과정 중 실수가 나올 경우 비용과 시간은 더 추가됩니다. 이런 시행착오를 줄일 수 있는 수단으로 메타버스가 주목받고 있습니다. 메타버스 공간에서는 건물을 몇 번이고 지었다가 마음에 들지 않으면 허물 수 있고, 실수가 있어도 삭제하면 그만입니다. 계속해서 새롭게 도전을 할 수 있고 몇 번을 시도하든 개인의 자유입니다.

따라서 사람들은 메타버스에서 실패를 두려워하지 않고 원하는 분야에 도전할 수 있습니다. 또한 현실에서처럼 많은 시간과 비용을 들이지 않고도 아바타의 외모, 옷, 헤어스타일 등을 마음껏 바꾸면서 현실 세계에서 시도해 보지 못한 스타일들에 도전해 볼 수 있습니다. 이렇게 현실과 연결된 가상 공간에서 자유롭게 시도해 보는 과정에서 자신이 정말로 원했던 것들을 찾아 나갈 수 있습니다.

1.2 메타버스의 특성

메타버스의 특징에는 가상 공간을 현실과 지연 없이 이어 주는 인터넷, 3차원 입체 조형물 표현을 위한 3D 기술, 그리고 가상 공간에서의 나를 표현하기 위한 아바타 등이 있습니다. 최근 메타버스에 대한 관심도가 증대되면서 이러한 특징에 대한 연구 및 활용을 위한 플랫폼 성장이 빠르게 일어나고 있습니다. 그러나 메타버스에 대한 개념의 이해는 아직 널리 퍼지지 않았기 때문에 여전히 많은 사람이 메타버스를 단순한 VR을 활용한 게임의 형태로 인식하는 경우가 많습니다.

메타버스는 코로나19라는 팬데믹 현상 때문에 급속도로 성장하며 마치 새로운 미래 신기술처럼 주목을 받고 있습니다. 그러나 메타버스의 시작은 과거부터 부분적으로 활용해 오던 인터넷 기반의 가상 공간입니다. 따라서 기존 인터넷 가상 공간을 사용하던 유저와 새로운 메타버스 관련 콘텐츠 및 플랫폼 유저 간의 상호이해도가 충돌하는 현상이 발생합니다. 그렇다면 급성장하고 있는 메타버스는 어떤 특징을 가지고 있는지 알아보겠습니다.

1 가상 공간에서의 '나', 아바타의 활용

'누구나 될 수 있습니다.' 마치 광고 속 멘트처럼 들립니다. 누구나 한 번쯤 자신이 상상하던 누군가로 살아가고 싶은 마음을 이룰 수 있도록 메타버스의 가상 공간에서는 아바타를 통해 실현시켜 줍니다. 정해진 캐릭터의 모습이 아닌 헤어스타일부터 의류, 신발, 액세서리 등 다양한 아이템으로 꾸밀 수 있고, 심지어 눈, 코, 입, 다리 길이까지 선택하여 가상 공간에서 또 다른 나, 또는 내가 원하는 나를 만들어 줍니다. 메타버스는 디지털 콘텐츠로 구성된 세상으로 누구나 참여하고 확장할 수 있기 때문에 유저가 창작자인 동시에 소비자가 됩니다.

메타버스에서 나를 대신하는 존재가 바로 아바타입니다. 그렇기 때문에 메타버스를 경험하기 위해서 가장 먼저 하는 것이 아바타를 만드는 것입니다. 흥미로운 것은 연세가 많은 유저일수록 자신의 현실 모습과 매우 유사하게 아바타를 꾸미고, 나이가 어릴수록 실제 모습에 구애받지 않고 자유롭게 아바타를 꾸민다는 것입니다. 물론 모든 같은 연령대의 유저가 그렇지는 않겠지만, 메타버스를 바라보는 관점이 다른 세대이기에 그럴듯한 이야기기도 합니다. 멀티 아바타는 현실의 나를 대신해서 '나 자신'을 표현하는 존재입니다. 그 존재의 기원은 현실에 실존하는 자신입니다. 그렇기 때문에 겉모습이 어떻든 간에 나를 표현할 수 있는 메타버스 속 '나'가 되는 것입니다.

흔히 요즘 '부캐'라는 용어로 다양한 삶의 모습을 표현하기도 합니다. 이는 자신의 여러 모습을 캐릭터로 표현하여 같지만 다른 '나 자신'을 표현하는 용어이면서, 요즘 세상에서는 한 가지 캐릭터로는 살아가기 힘든 상황을 간접적으로 표현하기도 합니다. 이유가 무엇이든 사람들은 이 '부캐'라는 말에 옹호적인 반응을 보이며 현실에서는 조금 부족한 부분들을 영상이나 가상 공간에서나마 '하고 싶은' 것을 하며 행복을 느끼곤 합니다.

많은 사람이 2000년대 초반 싸이월드를 통해 아바타의 의미를 알고 있었고, 영화 아바타를 통해 내가 생각하는 대로 움직일 수 있는 존재를 간접적으로 이해할 수 있었습니다. 그러나 메타버스라는 새로운 용어의 플랫폼이 등장하면서 기존의 온라인상에서 표현되는 '아바타'와, 메타버스 속 자유롭게 움직이고, 게임에 참여하고, 감정을 표현하는 '아바타'는 다소 차이가 있습니다. 향후 메타버스가 인공 지능과 컴퓨터 그래픽 기술의 발전과 더불어 가상 현실 기술 등 미래 기술을 반영하게 되면, 가상 공간에서의 감각을 실제 현실에서의 감각처럼 유사하게 느낄 수 있을 것입니다. 또한, 햅틱(haptic)[2] 기기를 활용하여 사용자가 가상 공간에서의 촉각을 보다 섬세하게 사용할 수 있을 것으로 예상됩니다.

현재 상용화되고 있는 게더타운(GatherTown), 제페토(ZEPETO), 이프랜드(ifland) 등의 메타버스 플랫폼에서는 주로 마우스와 키보드로 아바타를 조작하기 때문에 사용자가 직접 몸을 움직이는 느낌을 갖기는 어렵습니다. 향후 HMD(Head-mounted Display)[3] 디바이스 같은 VR 기기를 활용하게 되면 유저가 직접 움직이는 것 같은 느낌을 가지면서 몰입도 높은 형태로 발전할 것입니다.

메타버스의 아바타가 특별히 주목을 받고 있는 이유는 가상 현실 기술의 상용화로 메타버스에서 다른 사람들과의 상호 작용이 마치 현실과도 같은 착각을 줄 정도의 실재감과 몰입감이 있으리라는 기대 때문입니다. 이렇게 아바타는 게임 속 캐릭터에 불과하다는 과거 인식이 변화해 가상 현실 속에서의 또 다른 '나'라는 인식이 생긴다면, 메타버스 속 활동을 통해 얻게 되는 경험이 삶의 방식에 크고 작은 영향을 미칠 것으로 예상됩니다.

현재 약 2억 9,000만 명의 유저를 확보한 제페토는 3D 실사 기반 아바타와 사용자의 실제 모습을 비슷하게 구현한 가상 캐릭터 아바타 중 나만의 캐릭터를 선택할 수 있게 하여 긍정적인 평가를 받고 있습니다. 메타버스에서 아바타를 사용하는 것은 사용자의 정체성과 밀접한 연관이 있을 뿐 아니라 메타버스 속 소셜 활동에 상당한 영향을 끼치게 됩니다. 메타버스 사용자가 실사 기반의 아바타와 가상 아바타 중 어느 것을 선호할지 선뜻 결론을 내리기 어려운 부분이 있습니다. 메타버스라는 가상 공간을 어떤 방식으로 이해하느냐에 따라 달라질 수 있기 때문에 아바타에 대한 심도 있는 연구가 지속적으로 이뤄져야 할 것입니다.

과거에 아바타를 제작할 때는 자신을 닮은 캐릭터를 고르거나 부분적으로만 커스터마이징이 가능하였으나, 현재의 메타버스 속 아바타는 한 걸음 더 나아가 진짜 같은 디지털 휴먼 아바타를 만드는 단계까지 이르렀습니다. 미래에 인공 지능 및 데이터 학습을 통해 목소리나 표정까지 표현이 가능해진다면 지금의 아바타보다 한층 더 몰입감이 증대될 것으로 기대됩니다. 그러나 단순히 그래픽 카드의 성능과

2 컴퓨터의 기능 가운데 촉각과 힘, 운동감 등을 느끼게 하는 기술
3 안경처럼 머리에 쓰고 대형 영상을 즐길 수 있는 영상표시장치

알고리즘의 고도화에 따라 유저의 몰입도나 정체성이 확고해진다고 말하기는 어렵습니다. 실제로 사용자가 아바타를 '얼마나 진짜 같다고 느끼는지에 해당하는 사용자 경험'에 따라 몰입도가 결정되기 때문에 아바타의 형태도 중요하지만 전체적인 메타버스 환경 구성 또한 중요한 요소가 됩니다.

2 함께하기 위한 공간, 소통의 발전

메타버스는 팬데믹 이후 비대면 상황에서 타인과 온라인상에서 교류하고 소통할 수 있는 가상 공간으로 주목받고 있습니다. 이제 사람들은 새로운 사람을 만나 소통하고자 할 때 오프라인에서 만나기도 전에 가상 공간에서 나의 다른 페르소나로 관계를 형성합니다. 메타버스는 인터넷 웹, 블로그, 카페 그리고 모바일 SNS(Social Network Service)를 잇는 다음 플랫폼으로서 포스트 팬데믹 시대에도 일상에서 중요한 소통 채널이 될 것입니다. 메타버스에서 열리는 콘서트에 참석하고, 컨퍼런스나 박람회에 참여해 전세계에서 모인 사람들을 만날 수 있습니다. 사는 동네가 달라지면 동네 친구와 자연히 멀어지던 예전과 달리 이제는 메타버스 상에서 지구 반대편에 있는 친구를 만나 '동네 친구' 같은 유대감을 느낄 수 있게 될 것입니다. 따라서 단순히 기술적 관점으로만 메타버스를 분석할 것이 아니라 하나의 문화로 인식하여 이와 관련된 깊이 있는 학문적인 연구도 이루어질 필요가 있습니다. 메타버스에서 친구를 만나고, 쇼핑을 하고, 학교를 가고, 회사에서 회의를 하는 등의 일상, 여가, 경제 활동이 일회성 체험에 그치지 않고 지속적인 상호작용이 가능한 현실의 연장으로 인식되어야 합니다.

3 디지털 경제의 시작, 가상 통화

메타버스 안에서는 내가 원하는 아이템을 직접 생산하고 소비할 수 있고, 콘텐츠의 가치를 창출한 다음에는 플랫폼에서 활용되는 가치와 교환하기 위한 디지털 화폐가 통용됩니다. 현재는 그 안에서만 사용되는 사이버 머니의 성격에 가깝지만, 곧 가상 세계에서의 통화로서 인식될 것이고, 이미 많은 플랫폼에서 가치를 창출 및 소비하는 유저가 날로 증가하고 있습니다.

제페토에서는 아바타의 의상을 제작 및 판매하는 크리에이터들이 고수익을 올리고 있는 것으로 화제가 되었습니다. 제페토는 사용자가 콘텐츠를 직접 생산하고 판매하는 '크리에이터 이코노미(Creator Economy)'를 구축했는데 여기에 블록체인 기반의 경제 시스템을 접목할 예정이라고 밝힌 바 있습니다. 블록체인은 디지털 콘텐츠에 위·변조를 막아 주는 고유한 인식값을 부여해 원본을 지정하는 기술입니다. 블록체인 기술을 활용하면 디지털 콘텐츠에 대한 소유권을 보증할 수 있습니다. 무한대로 복사, 붙여넣기가 가능한 디지털 세상에서는 원본이 희소한 가치를 갖게 됩니다. 따라서 디지털 콘텐츠가 계속해서 생산되는 메타버스에서는 블록체인을 활용한 가상 화폐[4]가 통용될 것입니다. 메타버스의 시장이 성장하고 많은 사람이 경제 활동을 디지털 공간으로 확대하게 되면서 메타버스의 디지털 화폐는 향후 더욱 발전할 것으로 예상됩니다.

1.3 메타버스의 과거와 현재

1 정보 검색을 위한 인터넷의 발달

네이버, 다음, 야후, 라이코스, 엠파스 등 수많은 인터넷 검색 포털로 자리 잡고 있던 2000년대 초, 인터넷은 말 그대로 정보의 바다였습니다. 그중 많은 유행과 큰 인기를 누렸던 네이버의 '지식IN'은 검색 개념을 가져온 획기적인 서비스라 볼 수 있습니다. 이렇게 인터넷은 웹페이지를 통해 내가 알고 싶은 정보를 대부분 텍스트의 형태로 획득하는 형태였으나, 네트워크와 콘텐츠가 점차 발전하면서 영상 매체를 통한 정보 습득이 주를 이루게 되었습니다. 이러한 변화는 기존 오프라인 중심으로 이뤄지던 활동이 온라인으로 옮겨간다는 것을 뜻하며, 책이나 신문 등의 매체에서 인터넷 기사와 e북의 형태로 발전하였음을 의미합니다. 그리고 인터넷의 다음 세계라 칭하는 메타버스 세상 속에서는 가상 또는 증강 현실 속에 직접 들어가, 더 생생하게 정보를 습득하는 것이 가능합니다. 또한 데스크톱 PC 위주의 컴퓨터 사용 패턴에서 스마트폰의 발전으로 디바이스에 대한 변화도 일어났습니다. 스마트폰을 사용해 게임, 경제, 문화 등 모든 분야의 정보를 검색을 통해 얻을 수 있고, 특정한 장소와 시간에 고정되어 있을 필요가 없어져 이동성과 접근성이 증가하였

---

4 컴퓨터 등에 정보 형태로 남아 실물 없이 사이버상으로만 거래되는 전자화폐의 한 종류

습니다. 이러한 하드웨어 기기의 변천은 크기의 변화와 더불어 사용자의 생활 패턴에도 변화를 가져오게 됩니다. 스마트폰으로 업무와 사회적 상호작용 하게 되면서 고정되고 넓은 책상에 앉기 대신 가변적이고 유동적인 형태의 업무가 가능해졌습니다.

앞으로 메타버스 기반의 생활은 특정 형태의 기기에 제한된 디스플레이가 아닌 글래스 또는 HMD 디바이스를 통해 그 상황에 직접 참여하여 느끼고 경험하게 될 것입니다.

카테고리	인터넷 시대(2020년대 이전)		메타버스 시대(2020년대 이후)	
	특징	한계점	특징	혁신 요소
교육	2D영상 기반의 화상교육	• 개개인의 화면 밖 행동 파악 어려움 • 실환경에서 동물 개입 등의 외부요인 차단 어려움 • 2D 화면 수준의 상호작용으로 교육 집중 어려움	증강 현실 기반의 3차원 공간 활용 교육	• 무한한 공간 및 자료 활용 가능 • 대면 교육 수준의 상호작용 가능 • 개개인의 행동 확인 가능
쇼핑	오프라인 매장 아이쇼핑 및 온라인 구매	• 오프라인 매장 방문, 피팅 등 장시간 소요 • 온라인 상 사이즈가 실제 사이즈와의 차이점 발생	집의 AR 거울 활용 피팅 및 구매	• 개인에 특화된 주문제작 상품의 가상 경험 가능 • 매장 방문시간, 피팅 등에 소요되는 시간 급감
해외 시설 관리	시설 방문/출장 관리	• 해외 시설까지 이동에 소요되는 비용 및 시간 불가피 • 문제 발생시 즉각 대응 불가 • 국가/정부 리스크 회피 불가	디지털 트윈 기반 시설 관리	• 본사에서 해외 소재 시설에 대한 실시간 모니터링 및 관리 가능 • 시설 레이아웃 재배치 등 다양한 혁신 활동을 손쉽게 수행
신개발	컴퓨터 디자인 및 검증모델 생산	• 시제작 모델 생산까지 실질 크기의 검증 불가 • 디자인 확정까지 장기간의 개발 소요시간 필요	가상 디자인 및 검증	• 개발자 소재지에 구애받지 않는 협동 디자인 가능 • 시제작 모델에서 검증하기 힘든 오류 검증 • 저비용으로 다품종 개발 가능

표 1-1 인터넷 시대와 메타버스 시대의 비교[5]

[5] NIPA(2020), "대한민국 실감경제 확산 프로젝트, XR Transformation" 기반 SPRi Analysis

2 디지털 기기를 활용한 의사소통

현재 메타버스를 활용하는 대다수는 디지털 기기를 익숙하게 다룰 수 있는 MZ세대입니다. MZ세대란 1980년대 초부터 2000년대 초 출생한 밀레니얼 세대(M)와 1990년대 중반부터 2000년대 중반 출생한 Z세대를 통합해서 부르는 용어입니다. 이 세대는 최신 트렌드에 가장 빠르게 반응하고 트렌드를 선도하기도 합니다. 또한 디지털 문화에 익숙해서 스마트폰을 통해 다양한 활동을 하며 최근 SNS를 기반으로 하는 유통 시장에서 강한 영향력을 발휘하는 소비 주체로 인식되고 있습니다. 이들은 메타버스 플랫폼을 통해 새로운 경험을 공유하고 소통하며 가상 세계에서 또 다른 실재감 있는 세상을 구축해 나가면서 다양한 활동을 통해 새로운 부가가치를 창출하고 있습니다.

MZ세대는 스마트폰 기반의 SNS 앱을 통해 가상 공간에서 자신을 표현하고 정보를 공유합니다. 메타버스는 이러한 텍스트와 이미지 중심의 소통 방식을 변화시켜 이전의 추억을 현실의 연장선에 있는 가상 공간으로 가져와 실재감을 느낄 수 있도록 하며, 개성 있는 아바타를 활용하여 가상 공간에서 서로를 연결할 수 있도록 지원하는 방향을 제시하고 있습니다. 스마트폰, PC, 탭 등 다양한 기기를 활용하면서 언제 어디서든 자유롭게 가상 공간을 경험하고 나아가 스스로 콘텐츠를 기획 및 생산, 판매할 수 있기도 합니다. MZ세대는 메타버스를 통하여 사회, 경제, 문화, 놀이 등 다방면에서 자유롭게 소비 주체로 활동하면서도 생산 주체의 역할도 담당합니다.

MZ세대에게 메타버스는 흥미와 즐거움을 느끼기 위한 게임이자, 자신을 표현하고 다른 사람들과 소통할 수 있는 온라인 활동 공간입니다. 그렇게 메타버스 안에서 사회적 관계를 맺기도 하고, 게임 개발 및 아이템 생성을 통한 경제적 활동을 가능하게 하는 가상 세계와 현실 세계를 이어주는 연결점으로 볼 수 있습니다. 이제 메타버스는 AI 기술을 기반으로 현실 공간과 가상 공간의 경계를 허무는 초월적 공간성을 제공하며 공간 통합이라는 새로운 혁신을 시도하고 있습니다.

3 가상 환경 기반의 일상화

코로나19의 팬데믹 현상으로 인해 대면으로 진행되던 일상의 상당 부분이 비대면으로 전환되었습니다. 우리는 자연스럽게 다른 시공간에 있는 사람들과 쉽게 만날 수 있는 디지털 플랫폼을 찾기 시작했습니다. 이러한 현상은 교육, 직무, 사회, 의료, 문화, 정치, 경제 등 모든 인간의 활동 분야에 적용되었고, 일정 시간이 지나면서 단순히 모니터를 바라보고 있는 것이 아닌 현실에서 활동하고 있는 것처럼 느껴질 수 있도록 많은 노력을 기울이고 있습니다.

교육 분야에서는 개인용 컴퓨터와 모바일 기기가 보급되고, 온라인 서비스가 확산되면서 가상 환경에서 교육하고자 하는 다양한 시도와 연구가 진행되고 있습니다. 또한 ICT(Information and Communications Technologies)[6] 기기 및 네트워크의 발전과 교육 패러다임이 변화함에 따라 교육은 에듀테크의 형태로 진화하고 있습니다. 에듀테크는 '교육(edu-)'과 '기술(tech-)'의 합성어로서 가상 현실·증강 현실·인공 지능 등 ICT 기술과 교육 서비스가 결합하여 온라인, 나아가 가상 또는 증강된 공간을 기반으로 교육 효과를 높이기 위해서 다양한 가상 환경 교육 도구와 콘텐츠를 제공합니다. 가상 환경을 활용한 교육은 학습자가 현실에서 교육을 받을 때 공간적, 시간적 제약 등 여러 가지 요인으로 인해 하기 힘든 교육을 가상 환경에서 몰입감과 실재감을 느끼며 할 수 있어 큰 주목을 받고 있습니다.

1-1 '디토랜드'의 재난대피 체험 교육의 한 장면

---

6 정보기술과 통신 기술의 결합으로 정보를 주고받는 것은 물론 개발, 저장, 처리, 관리하는 데 필요한 모든 기술

1-2 '디토랜드'의 소방관 체험 교육의 한 장면

　과학기술정보통신부는 2020년부터 가상 현실, 증강 현실 등의 가상융합기술이 적용된 실감 콘텐츠를 학교 교육 현장에서 활용하는 '실감교육 콘텐츠 체험학교'를 시행하고 있습니다. 실감교육 콘텐츠 체험학교에서는 학습자의 몰입도와 이해도를 향상시키는 가상융합기술을 활용한 3D 정보와 상호작용이 가능한 사실적인 콘텐츠를 제공합니다. 학습자는 HMD와 태블릿 등의 디바이스를 이용하여 가상 현실에서 다양한 진로체험을 해 볼 수 있습니다. 예를 들면 학습자가 '자율주행 자동차'라는 주제 아래 자율주행 데이터 분석가, 스마트 도로인프라 전문가, 커넥티드카 개발자의 세 가지 직업 중 하나를 선택하여 직업별 역할을 체험합니다. 자율주행 데이터분석 전문가는 스쿨버스에 센서를 부착하여 자율주행 능력을 증가시키고, 목적지에 도착한 시간, 남은 배터리, 남은 비용들을 합산하여 점수를 책정하는 미션을 수행합니다.[7] 학습자는 현실에서 접하기 힘든 자율주행 자동차를 가상 현실에서 다뤄 보는 등의 실재감을 느낄 수 있습니다. 실감교육 콘텐츠 체험학교는 2020년에 20개 학교에서 400명이 참여하였고, 2021년 35개 학교에서 800명이 참석하

---

[7] 과기정통부는 2019년부터 실감교육 강화 사업을 추진해 2019년 32종, 2020년 30종, 지난해 21종 등 모두 83종의 실감교육 콘텐츠를 개발했다. 이 중 62종은 EBS 중등 실감콘텐츠 홈페이지(https://mid.ebs.co.kr/space/realistic)에서 누구나 다운로드 할 수 있다. [출처] 대한민국 정책브리핑(www.korea.kr)

는 등 실제 학교에서 높은 참여도와 긍정적인 반응을 이끌어냈습니다.[8]

사회 분야의 가상 환경은 이동에 대한 장벽을 제거하여 장애인이 현실에서 느끼는 불편을 없애 주기도 합니다. '장고버스'는 한국장애인고용공단에서 실시한 공단 전용 메타버스 서비스입니다. 장고버스는 장애인고용공단의 줄임말 '장고'와 메타버스를 결합한 이름으로 가상 공간에서 장애인고용 서비스를 상시 이용할 수 있습니다. 2021년에는 장애인 대학생을 위한 채용설명회인 '투게더 잡페어(Together Job Fair)'를 구현하여 250여명이 넘는 학생들이 참여했습니다. 장고버스는 게더타운 플랫폼 내에서 실제 공단 본부 전경을 2.5D로 구현하여 참여자가 자신만의 아바타를 직접 꾸밀 수 있고, 채팅 기능이 있어 참여자 간 소통도 가능합니다. 게더타운에 구현된 공단본관에 입장하면 장애인고용 홍보관, 보조공학기기관, 장애인 인식개선관 등의 부스에 입장하거나 다양한 주제에 맞는 영상을 시청할 수도 있습니다. 이처럼 현실에서 먼 지역으로 이동해 행사에 참여하기 어려운 사람들에게 가상 환경은 새로운 만남과 소통의 장이 되어 줄 수 있습니다.[9]

의료 분야의 가상 환경은 현실에서 생기는 위험 요소와 비용을 크게 줄여 주는 데 한몫을 하고 있습니다. 국립암센터는 한국스마트헬스케어협회와 함께 의료분야 메타버스 플랫폼 '닥터메타(Dr.Meta)'를 기획하여 시행 중에 있습니다. 의료진은 메타버스의 회의실에 모여 환자의 MRI와 CT영상을 보거나 3D그래픽으로 구현된 각종 자료와 차트를 함께 보며 회의를 진행할 수 있습니다. 의료진은 각자의 진료실에서 HMD 디바이스 '오큘러스 퀘스트2'와 컨트롤러를 이용해 회의에 참여합니다. 닥터메타는 XR 기반 헬스케어 메타버스 플랫폼의 하나로 의료진의 컨퍼런스를 진행할 수 있으며, 환자와 보호자가 비대면 헬스케어 서비스를 받을 수 있습니다. 한 예로 '호스피스 환자 및 보호자 돌봄 플랫폼'에서 호스피스 전문 인력이 되고자 하는 사용자가 가상의 훈련 공간에서 다양한 실감형 교육 자료를 활용해 비대면 교육을 받을 수 있습니다. 이미지와 동영상, 3D데이터 등의 교육 자료도 활용할 수 있어 공간의 제약을 받지 않고 대면 강의와 같은 효과를 나타냈습니다.[10]

[8] 가상융합기술 활용 '실감교육 콘텐츠 체험학교' 모집, 대한민국 정책브리핑, 2022.04.27., https://www.korea.kr/news/policyNewsView.do?newsId=148901124(2022.06.19.)
[9] 장애인고용 가상세계에서 만나요, 한국장애인고용공단 메타버스로 새로운 시도 '눈길', 대한민국 정책브리핑, 2022.04.11., https://www.korea.kr/news/pressReleaseView.do?newsId=156502937(2022.06.19.)
[10] 메타버스 기반 비대면 의료, 우려 넘어 현실화 눈앞, IT동아, 2022.02.17., http://naver.me/5BxoRIK1 (2022.06.19.)

이처럼 여러 분야에서 가상 환경에 기반한 활동이 이루어지고 있으며, 일상에서 가상 환경을 접하는 것이 예전처럼 어려운 일이 아니라는 것을 사람들은 몸소 느끼고 있습니다. 코로나19 팬데믹 상황이 끝난 이후에도 가상 환경에 적응한 사람들이 그 편리함을 알게 되면서 앞으로는 가상 환경에서 일상생활을 하는 것이 더 이상 어색하지 않은 일이 될 것입니다.

2 메타버스의 종류

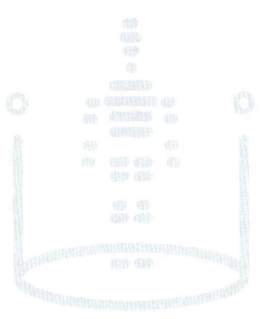

2.1 가상 현실(VR)

　VR(Virtual Reality)을 체험해 보신 적 있나요? 머리 위에 안경처럼 생긴 기기를 쓰면 눈앞에 가상 세계가 펼쳐지는 경험을 할 수 있습니다. 손에 컨트롤러를 쥐고 물건을 집거나 춤을 추면, 가상 세계 안에서 똑같은 동작을 수행할 수 있습니다. 가상 현실로도 불리는 가상 세계는 현실 세계와 비슷하게 몰입하고 상호 작용을 할 수 있는 세계입니다.

　가상 세계는 완전히 새로운 세계를 창조해 그 공간으로 이동하여 활동하고 있는 듯한 느낌을 주는 공간입니다. 가상 세계는 우리에게 가장 익숙한 형태의 메타버스 공간으로 인식되며, 현실과 매우 유사하거나 혹은 존재하지 않는 3차원 세계를 디지털 그래픽으로 구성했습니다. 가상 세계라는 개념은 1990년대 컴퓨터의 발전과 인터넷 보급에 따른 온라인 게임에서부터 인식되기 시작했습니다. 과거 '바람의나라'와 같은 게임은 2D로 구성되었지만 자신의 캐릭터를 통해 다른 유저와 채팅을 통해 대화할 수 있는 가상 공간을 이뤘습니다. 그리고 현재는 3D 컴퓨터 그래픽 환경을 기반으로 한 '세컨드라이프(Second Life)' 같은 게임처럼 생활 밀착형 가상 공간으로의 발전에 이르는 3차원 가상 공간을 총칭하는 개념이 되었습니다. 가상 세계에서는 현실 세계에서의 나를 대신할 아바타를 통해 현실 세계와 사회, 경제, 문화적 활동을 할 수 있습니다. 이는 현실 세계에서는 불가능할 것 같았던 다양한 공간을 연출하는 것과 접속하여 다른 사람들과 만날 수 있는 것, 또한 공간이나 필요한 아이템마저 직접 만드는 창작 활동도 가능하도록 발전했습니다. 최근에는 인공 지능 기술과 가상 현실의 취지가 결합하여 큰 영향력을 끼치고 있는 분야인 엔터테인먼트 영역에서 많은 성과를 이뤄 내고 있습니다. 가상 인물을 통한 광고 촬영, 음악 방송, 뉴스, 더 나아가 기업의 마케팅과 판매 활동까지 그 영역을 점차 넓히고 있습니다. 이처럼 과거에도 시도되었던 인터넷 가수, 가상 모델이라는 가상 인물에 대한 관심이 이제는 수많은 사람에게 현실보다 더 현실 같은 스토리를 체험할 수 있게 해 주는 존재가 되었습니다. 메타버스가 주목받는 이유는 바로 이러한 가상 세계가 MZ세대에게는 일상처럼 자연스럽고 익숙해졌기 때문입니다. 온라인에서 아바타를 통해 대화하고 정보를 습득하고 자신을 표현하는 것이 대면보다 자연스럽기 때문에 가상 세계는 메타버스의 4가지 유형 중 가장 많은 부분을 차지하며 성장하고 있습니다. 그래서 '메타버스' 하면 많은 사람이 가상 세계를 떠올리는 것입니다.

특히 가상 현실을 활용한 교육에서는 기존과 다른 방식의 교육 환경으로 우려되는 부분이 있을 수 있으나, 가상 공간의 이점을 잘 활용한다면 보다 효율적인 교육을 할 수 있습니다. VR을 활용한 메타버스 공간에서는 교육자와 학습자의 아바타를 활용하고, 가상 환경에서 교육을 할 수 있는 여러 미디어 장치를 마련하기 시작했습니다. 학습자의 집중도와 교육 콘텐츠에 대한 이해도 및 몰입도를 높일 수 있는 환경을 제공하기 위해 많은 노력을 하고 있습니다.

2.2 증강 현실(AR)

한때 유행했던 게임이 있습니다. 이 게임을 하려고 사람들이 전국을 돌아다니기도 했던, 바로 '포켓몬고(Pokémon GO)'입니다. 포켓몬이 있다고 알려 주는 장소에 가서 휴대폰 카메라로 그곳을 비추면 마치 실제로 포켓몬이 있는 것처럼 나타나며, 몬스터볼을 던져 포켓몬을 잡을 수 있습니다. 실제로 그곳에 포켓몬이 있지는 않기 때문에 휴대폰을 끄면 포켓몬은 온데간데없이 사라집니다. '포켓몬고'가 사용한 기술이 바로 '증강 현실(Augmented Reality)'입니다. 증강 현실은 실제 환경에 기반한 기술로, 디바이스를 사용해 실제 환경이나 물건에 가상 정보 시스템을 입히는 기술입니다. 증강 현실은 반드시 실존하는 물건이나 사람이 있어야 한다는 특징이 있습니다.

이제 증강 현실은 사람들에게 낯설지 않은 기술로 다가오고 있습니다. 일부 대기업만 사용하던 기술에서 중소기업, 개인에 이르기까지 활용 범위가 더욱 크게 늘어나고 있습니다. 최근 소셜 미디어 플랫폼 사용이 보편화되면서 스노우(Snow)와 같은 카메라 앱의 사용량도 폭증하고 있습니다. 자신의 얼굴에 다양한 메이크업이나 재미있는 필터를 씌울 수 있는 기능을 제공하는 카메라 앱은 소셜 미디어에서 빠질 수 없는 요소가 되었습니다. 다른 예로 동화책을 열고 디바이스를 가져다 대면 동화책 안의 그림이 살아 움직이는 것처럼 나타난다거나 내 손 안에 원하는 물건이 들어온 것처럼 보이는 앱도 있습니다.

자동차 산업에서도 증강 현실을 적극적으로 활용하고 있습니다. 메르세데스 벤츠(Mercedes-Benz)에서는 자동차 앞 유리에 운전 지원 시스템과 내비게이션을 나타내 주는 증강 현실 서비스를 개발했습니다. 운전할 때 내비게이션과 차 앞 유리를 번갈아 보면서 지도를 확인할 필요 없이 도로에 방향이 표시되는 것과 같은 효과를 얻을 수 있어 획기적인 시스템으로 주목을 받았습니다.

1-3 증강 현실 기술을 사용해 자동차 앞 유리에 표시되는 네비게이션을 소개한 유튜브 영상[11]

2.3 거울 세계

거울 세계는 현실을 그대로 옮겨다 놓은 듯한 세계를 말합니다. 컴퓨터 그래픽을 사용해 현실을 가상 세계에 구현해 놓은 것입니다. 거울 세계는 실제 세상의 모습

---

[11] '새로운 Mercedes S-Class 2021-증강 현실 (77인치 대각선)의 미친 HEAD-UP 디스플레이', https://youtu.be/DCgy3askMcM

이나 구조 등을 복사하듯이 만들어 낸 확장된 가상 세계입니다. 대표적인 예시로는 구글의 '구글 어스(Google Earth)'가 있습니다.

3차원 영상 지도인 구글 어스는 위성사진을 수집하여 지구본을 완벽히 웹페이지 상에 구현하였습니다. 일정한 주기의 업데이트를 통해 전 세계 곳곳의 위치 및 지형, 건물까지 항공 지도 사진과 3D 모델링 등으로 확인할 수 있는 서비스입니다. 이제 마우스를 통해 자신이 가고 싶은 나라를 직접 가 보지 않고도 간접 여행을 할 수 있습니다. 한때 해외여행이 제한되면서 구글 어스를 통해 여행에 대한 갈증을 해소하는 프로그램들이 생겨나기도 했습니다.

2.4 라이프 로깅

라이프 로깅(Life Logging)은 우리가 살아가면서 얻게 되는 일상생활의 데이터를 센서가 수집하여 처리하고 반영하는 과정을 말하며, 특히 일상에서 발생하는 사물이나 사람에 대한 데이터를 기록하고 저장하고, 활용하는 전반의 기술을 뜻합니다. 일상의 순간들을 신호, 텍스트, 음성, 영상 등으로 기록하고, 데이터를 서버에 저장하여 디지털 기기를 통해 다른 사람들과 공유할 수 있습니다. 사람들은 온라인에 자신이 직접 가 본 장소를 찍어 올리고, 어떤 경험을 했는지 기록하고 공유합니다. 인스타그램(Instagram), 페이스북(Facebook) 같은 SNS가 라이프 로깅에 해당합니다. 스마트 워치를 활용하여 걸음 횟수나 심박수, 스트레스 지수 등 신체의 신호를 실시간으로 기록하기도 합니다. 애플 워치나 갤럭시 워치로 대표되는 웨어러블 디바이스(wearable device)는 걸음 수, 심장 박동 수와 같은 일상생활의 정보를 끊임없이 수집합니다. 이러한 정보는 우리의 선택에 따라 다양한 기기로 수집됩니다. 그렇게 쌓인 기록들이 빅데이터가 되어 트렌드나 서비스 수요 조사에 사용되기도 합니다. 라이프 로깅은 우리가 일상에서 겪은 일들을 디지털 세상에 기록하여 원하는 때에 접근할 수 있도록 돕습니다.

3
메타버스 플랫폼의 사례

메타버스를 처음 접하고 경험한 사람들은 메타버스를 단순히 '게임'이라고 생각할 수 있습니다. 하지만 메타버스는 현실과 현실을 초월한 가상 세계를 이어 주는 기술의 총체이며, 게임은 그중 한 종류입니다. 메타버스 안에서 사람들은 현실에서처럼 경제적, 사회적으로 상호 작용을 하고 문화를 형성합니다. 메타버스 세계를 구현해 나가고 있는 플랫폼들의 사례를 알아보도록 하겠습니다.

3.1 UGC 메타버스 플랫폼

UGC(User-Generated Contents)는 유저가 콘텐츠를 직접 만들고, 편집하고, 유통한다는 뜻입니다. 유튜브(Youtube)가 바로 이 UGC를 기반으로 만들어진 대표적인 영상 콘텐츠 플랫폼입니다. UGC 플랫폼으로 콘텐츠의 생산자와 소비자의 경계가 사라지고 수많은 크리에이터가 양성되면서 더 많은 양질의 콘텐츠들이 쏟아져 나왔습니다.

메타버스라는 개념이 부상한 이후 '로블록스(Roblox)'로 대표되는 샌드박스형 게임 역시 'UGC 메타버스 플랫폼'이란 용어로 대체되고 있습니다. 유저들은 게임 속에서 높은 자유도를 지닌 채 정해진 목표만을 좇지 않으며, 직접 월드를 만들어 다른 유저들이 플레이할 수 있도록 플랫폼에 등록하는 등 기존 게임의 형식과 요소가 줄어들고 있습니다. 이러한 특성 때문에 최근에는 이 플랫폼들을 게임으로 분류하지 않고 메타버스 제작 툴, 혹은 메타버스 플랫폼 그 자체로 명명해야 한다는 목소리들이 나오고 있습니다.

1 떠오른 다크호스, 디토랜드

'디토랜드(DitoLand)'는 국내의 유일무이한 UGC 메타버스 플랫폼으로, 로블록스에 버금가는 다크호스로 떠오르고 있습니다. 유티플러스인터랙티브에서 개발한 디토랜드는 스튜디오 기능을 활용해 월드를 제작하고 플랫폼에 등록한다는 점에서 로블록스와 비슷해 보입니다. 그러나 일회성 게임에 국한되지 않고 사회적 소통 및 모임 그리고 테마별 공간 구축이 모두 가능하다는 점에서 로블록스와 차별화됩니다.

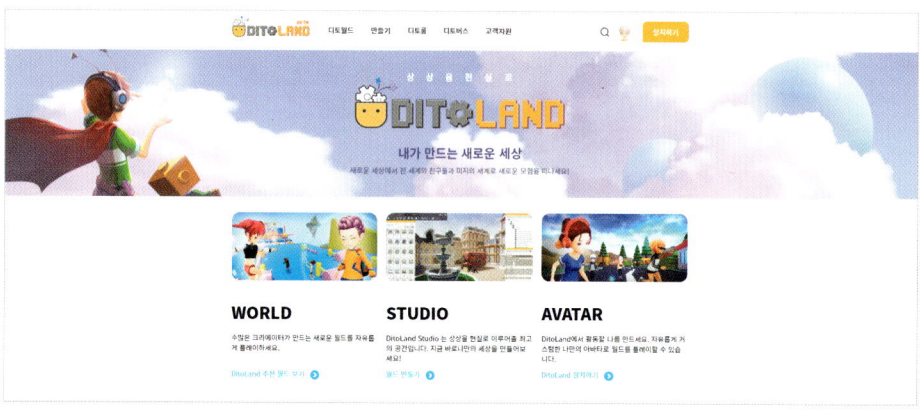

1-4 디토랜드 소개[12]

디토랜드에서 유저들은 직접 제작 툴 '디토랜드 스튜디오(DitoLand Studio)'의 다양한 기능을 사용해 메타버스 월드를 만들 수 있습니다. 또 그렇게 만든 월드를 등록하면 다른 유저들이 접속해 들어갈 수 있습니다. 디토랜드가 무한한 확장성과 파급력을 가지고 있다고 평가받는 이유 중 하나는 다른 유저가 만들어 놓은 토이(Toy)[13]를 불러와 사용할 수 있기 때문입니다. 따라서 코딩 전문가가 아니더라도 다른 누군가의 전문 코딩 솜씨가 들어간 메타버스 콘텐츠를 끊임없이 재생산할 수 있습니다. 이는 UGC 메타버스 플랫폼의 가장 큰 특징이자 강점입니다.

디토랜드가 국내 대표 UGC 메타버스 플랫폼으로 나아가고 있음을 보여 주는

---

12 https://ditoland.com/introduce
13 기본 형태의 3D 오브젝트 개체를 조합하여 만든 유의미한 물체

대표적인 사례는 '디토에듀(DitoEdu)'입니다. 디토에듀는 디토랜드를 활용한 메타버스 교육 연구를 위해 만들어졌습니다. 디토에듀는 메타버스 이론과 디토랜드 사용법 교육을 체계화해 크리에이터 육성을 위한 강사 교육 과정을 진행하고 있습니다. 2021년 하반기부터 2022년 상반기에는 여러 스크립트를 활용한 교육 콘텐츠 연구모임을 진행하기도 했습니다.

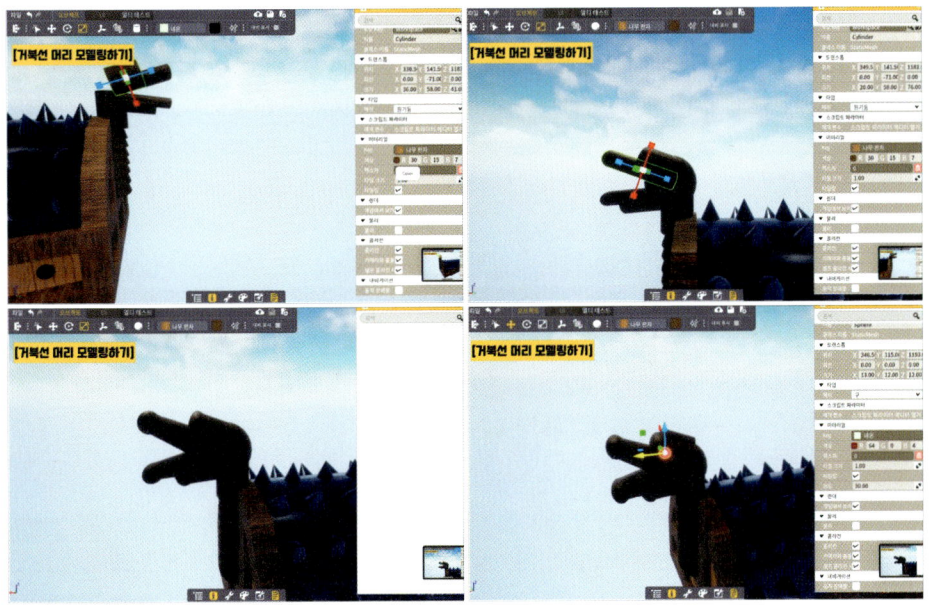

1-5 디토랜드로 3D 거북선 만들기[14]

다른 교육 기관들도 앞다투어 디토랜드에서 '메타버스 이론 및 활용' 수업을 진행하고 있습니다. 청강문화산업대학교는 1학년 전공 필수 수업 'CK패스파인더'를 메타버스로 열었습니다. 교수들이 직접 제작한 메타버스 월드에 게임콘텐츠스쿨 학생 260명과 전임 교수 22명이 참여해 친목을 도모하고 강의가 진행되었습니다. 수업 내용 중에는 '메타버스 교양'과 디토랜드를 활용해 메타버스 콘텐츠를 제작하는 방법을 배워 보는 과정이 있었습니다.[15]

---

[14] 디토에듀 공식 블로그, "오브젝트를 조합해 3D 거북선 만들기~ 디토랜드로 누구나 쉽게 모델링할 수 있어요~!", 2021.12.06., https://blog.naver.com/ditoland_edu/222588151369(2020.05.30.)

[15] "디토랜드, 메타버스 속에서 청강대 첫 수업 시선집중", 한경닷컴 게임톡, 2022.03.14., https://gametoc.hankyung.com/news/articleView.html?idxno=65311(2022.05.30.)

1-6 디토랜드를 활용한 CK패스파인더 수업

    디토랜드의 또 다른 차별성은 콘텐츠 제작이 매우 쉬워 누구나 만들 수 있다는 점입니다. 디토랜드 스튜디오에서는 코딩을 잘 몰라도 오브젝트나 월드를 손쉽게 제작할 수 있습니다. 실제로 징검다리들을 건너뛰는 점프 맵은 1~2시간 이내에 만들 수 있으며, 스튜디오 내에 FPS[16], TPS[17], 미니게임 등의 샘플 맵이 제공되기 때문에 크리에이터의 편의성이 높습니다.

1-7 디토랜드 〈Run&Jump vol.1〉 플레이 모습

---

[16] First-person Shooter의 줄임말로, 1인칭 슈팅 게임을 뜻한다.
[17] Third-person Shooter의 줄임말로, 3인칭 슈팅 게임을 뜻한다.

이외에도 디토랜드는 유저들의 더 많은 유입을 위해 크리에이터에게 수익 창출의 기회를 제공하고, 메타버스 제작을 더 쉽게 할 수 있도록 서비스를 개선해 나갈 예정입니다. 유태연 유티플러스인터랙티브 대표는 한 인터뷰에서 "수익을 내는 크리에이터는 더 큰 수익을 내기 위해 콘텐츠를 개선하고, 옆에서 지켜보던 이용자가 크리에이터로 참여하여 수익을 올리는 형태의 선순환 구조가 만들어진다면 진정한 플랫폼으로 자리 잡을 수 있을 것으로 기대한다"고 전했습니다. 또한 "디토랜드는 자유도를 유지하면서 어떻게 하면 개발 난이도를 낮출 수 있을지 계속 고민 중이다"라며, "조금이라도 더 쉽게 만들고, 더 좋은 퀄리티의 콘텐츠를 생산하게 하는 부분에 중점을 두고 있다"고 말했습니다.[18] 지금도 꾸준히 유저가 유입되며 새로운 월드들이 탄생하고 있는 디토랜드에 많은 투자자가 폭발적인 관심을 보이고 있어 미래에 얼마나 파급력 있는 플랫폼이 될지 기대됩니다.

2 메타버스와 함께 높아진 위상, 로블록스

UGC 메타버스 하면 빼놓을 수 없는 것이 로블록스일 것입니다. 로블록스는 2006년 미국에서 출시된 게임으로, 다른 플랫폼보다 꽤 오래전부터 가상 공간에서 많은 유저가 활동할 수 있도록 지원하고 있습니다. 서비스의 형태는 무료지만 부분적으로 멤버십이나 아이템 구매, 게임 참여 등 유료화를 적용하고 있습니다. 전 세계적으로 월 기본 2억 명 이상의 유저가 게임을 개발 및 참여하는 거대 메타버스 플랫폼으로 자리 잡고 있습니다.

로블록스에서도 스튜디오를 활용해 유저들이 게임을 직접 만들 수 있습니다. 여러 가지 도구를 활용해 맵을 제작하고 발행(Publish)하면 다른 유저들과 함께 플레이할 수 있습니다. 위에서 소개한 '디토에듀'처럼 로블록스에도 자체 교육(Education) 사이트가 있습니다. 이곳에서는 로블록스 개발 관련 자료를 찾아볼 수 있습니다. 그러나 해외 개발 플랫폼인 만큼 대부분의 개발 자료가 영어로 되어 있어 국내 유저들에게 진입 장벽이 있다는 단점이 있습니다.

---

18 "유태연 대표 '디토랜드는 개발제에게 새로운 기회 주는 메타버스 플랫폼'", ZDNetKorea, 2021.12.31., https://zdnet.co.kr/view/?no=20211231103449(2022.05.30.)

로블록스 플랫폼은 PC와 모바일 기기 모두 쉽게 접속이 가능하며, 플랫폼 내 아이템을 직접 제작하고 거래가 가능하다는 특징이 있습니다. 또 로블록스 내에는 '로벅스(ROBUX)'라는 가상 화폐로 게임에 참여하거나 아이템을 구매하는 등 플랫폼 내 경제 활동이 구성되어 있습니다.

2021년 메타버스의 인기가 날로 커지면서 로블록스의 위상도 높아졌습니다. 최근 음성 채팅 기능이 추가되면서 로블록스는 보다 실재감을 느낄 수 있는 메타버스 공간으로 발전하고 있습니다. 전 세계 많은 유저가 로블록스를 통해 가상 세계를 스스로 창조하고 실시간으로 게임을 즐기고 있으며, 그중에는 게임 개발, 아이템 판매로 연 10만 달러(약 1억 1,200만 원)가 넘는 수익을 올리는 유저도 존재한다고 합니다.

3 온라인 장난감 세상, 마인크래프트

모장 스튜디오(Mojang Studios)가 개발한 마인크래프트(Minecraft)는 역대 가장 많이 판매된 비디오 게임 중 하나로, 전 세계 이용자 1억 5,000명 이상의 유저를 확보하고 있습니다. 유저들은 모든 것이 레고처럼 네모난 블록들로만 이루어진 마인크래프트 세상에서 블록을 채굴하여 얻은 재료로 생존 활동을 하거나 또 다른 게임을 만드는 등 자유롭게 돌아다닐 수 있습니다. 마인크래프트는 2011년 처음 서비스를 시작한 후 2014년 마이크로소프트가 3조 원에 인수하여 현재에 이르렀습니다. 처음에는 윈도우, macOS, 리눅스 운영 체제에서 사용하는 PC로 발매되었으나 점차 휴대용 콘솔 기기 게임으로 발전하였습니다.

마인크래프트가 많은 사람의 주목을 받은 이유는 '높은 자유도'입니다. 마인크래프트에는 정해진 목표나 스토리가 사실상 없고, 유저들이 자유롭게 세계를 가꾸고 변형해 나갈 수 있습니다. 유저들은 자신의 아바타를 조종해 곳곳을 돌아다니며 블록으로 뭐든 할 수 있습니다. 그러다가 싫증이 나면 다른 유저가 만들어 놓은 월드를 다운받아 즐기거나, 월드 자체의 시스템과 설정까지도 변형해 색다른 경험을 맛볼 수도 있습니다.

또한 마인크래프트는 단순히 게임을 즐기는 것 외에도 컴퓨터 설계, 컴퓨터 과학, 건축 등 다양한 분야의 교육 목적 달성을 지원하는 플랫폼으로도 활용되고 있습니다. 마이크로소프트에서는 마인크래프트 에듀케이션을 제공하여 블록코딩 기반

SW교육을 지원하고 있습니다.

3.2 3D 소셜 네트워크 플랫폼

스마트폰의 대중화와 인터넷 접속 속도 증가로 SNS는 2010년대 이후 폭발적으로 확장되었습니다. 초기에는 블로그나 메신저와 같이 단순한 정보 전달이나 채팅에 그쳤지만, 기술이 발전하며 사진, 영상 등의 정보를 즉각적으로 공유하게 되었습니다.

이제 메타버스 관련 기술이 더욱 발전하면 3D 공간에서도 위화감 없이 전 세계 사람들과 실시간으로 소통하는 소셜 네트워킹 시대가 올 것입니다.

1 모바일로 만드는 메타버스, 디토랜드 플레이스

디토랜드는 모바일로도 간편하게 메타버스를 만들어 소통하는 서비스를 제공하는데, 바로 '플레이스'입니다. 디토랜드 플레이스에서는 별다른 제작 툴 없이 테마별로 구현된 공간을 원클릭으로 개설해 목적에 맞는 모임을 가질 수 있습니다. 모바일 기기에서는 스튜디오 제작 툴이 지원되지 않기 때문에, 테마별로 맞춤 구현된 여러 공간을 선택해 방을 개설하는 편리한 방법으로 소셜 공간을 마련한 것입니다. 디토랜드 플레이스에는 현재 8개의 테마 공간이 있습니다.

1-8 디토랜드의 다양한 플레이스

유저들은 플레이스에서 영상이나 문서 등의 자료를 스크린에 공유하여 미팅을 가질 수도 있고, 해돋이를 구경하며 폭죽을 쏘고 모래사장에 소망을 쓰면서 특별한 날을 보내거나, 루프탑 혹은 캠핑장 등의 야외 공간에서 경치를 구경하며 이야기를 나눌 수도 있습니다.

2D 인터넷 세상에서 여러 채팅방을 만들어 소통했던 것처럼, 디토랜드 플레이스에서는 3D 메타버스 방을 만들어 다양한 기능을 활용해 소통할 수 있습니다. 이렇게 디토랜드는 3D 소셜 네트워크 플랫폼으로서의 위치도 차지하고 있습니다.

2 SNS를 기반으로 한, 제페토

제페토는 네이버의 자회사 스노우에서 출시한 메타버스 플랫폼입니다. 스노우는 사진을 찍는 사람의 얼굴 위에 여러 꾸밈 요소를 붙여 주거나 표정을 따라 하는 3D 아바타로 얼굴을 바꾸는 등 AR 기능으로 주목을 받았습니다. 제페토는 스노우의 이러한 기능을 적용하여 탄생한 앱으로, 유저가 촬영한 얼굴 사진을 바탕으로 아바타를 생성해 줍니다. 초기에 제페토는 단순히 아바타를 만들고 꾸미는 데에 그쳐 인기가 높지 않았습니다. 하지만 업데이트를 거듭하며 다른 유저와 관계를 맺고 공유하는 소셜 네트워크 기능을 도입하고, 아바타가 돌아다닐 수 있는 가상 공간 '월드'를 적용하며 제페토의 인지도는 크게 상승했습니다. 유저들은 다양한 월드에 입장해 다른 유저들과 상호 작용을 하며 시간을 보냅니다. 한 마디로 제페토는 기존의 SNS를 가상의 3D 공간에 적용한 사례라고 볼 수 있습니다.

제페토는 게임 위주의 메타버스가 아닌 소셜 활동 중심의 메타버스입니다. 특히 MZ세대를 공략하여 아이돌 그룹과 협업한 서비스를 제공하고 있습니다. 대표적인 사례가 YG엔터테인먼트 소속 '블랙핑크(BLACKPINK)'의 신곡 뮤직비디오 배경을 메타버스 월드로 제공하여 안무도 아바타를 활용해 구현한 것입니다. 반대로 '방탄소년단(BTS)'의 팬이 직접 인기곡 '다이너마이트(Dynamite)' 뮤직비디오 세트장을 제작하기도 했습니다. 이러한 활동 때문에 제페토는 K-POP에 관심 있는 전 세계의 이용자들이 몰리며 활발한 소통의 공간으로 성장했습니다.

'제페토 빌드잇(build it)'은 디토랜드 스튜디오와 같은 유저 제작 툴의 형태를 갖추고 있습니다. 또 이와 별개로 제페토에서는 의상 아이템을 디자인하여 제작할 수 있습니다. 그렇게 제작한 아이템을 다른 유저와 거래하여 메타버스 속 화폐인 '젬'을 얻을 수 있습니다. 그리고 젬은 실제 화폐로 환전하여 출금할 수 있어 수익 창출이 가능합니다.

3 메타버스 라이프를 꿈꾸는, 이프랜드

이프랜드는 2021년 7월 SKT의 '점프VR'이 업데이트된 플랫폼입니다. 이프랜드도 제페토와 비슷하게 아바타를 만들어 다른 유저들과 메타버스에서 만나 소통하는 소셜 플랫폼으로서의 성격이 강합니다. 다만 이프랜드는 유저가 월드를 제작하지 않고, 이미 구현된 여러 장소를 선택하여 목적에 맞게 모임의 공간을 마련하는 간편함을 추구하고 있습니다. 방 제목만 입력하면 메타버스 공간을 개설한다는 점은 디토랜드의 '플레이스' 기능과 유사합니다. 또한 이프랜드는 아바타의 키와 체형, 800여 종의 코스튬, 66종의 감정 표현 모션 등을 제공하여 유저들이 아바타를 통한 자신만의 개성을 보다 잘 드러내는 데에 방점을 두었습니다. 이렇게 이프랜드는 다양한 자기 표현과, 손쉬운 소통 공간 개설이라는 두 가지 특징을 갖추고 있습니다. 이러한 모습은 기존 인터넷 채팅 사이트를 3D 메타버스로 옮겨 놓은 듯하기도 합니다.

2022년 4월에는 메타버스에서 벚꽃 구경을 하는 장소가 마련되었습니다. 사람 많은 곳에서 줄을 서며 사진을 찍었던 기존의 모습과는 달리, 실제 명소 같은 가상 공간에서 아바타로 꽃 축제를 즐길 수 있었지요. 이렇게 되면 시기적·공간적 불편함을 극복할 뿐만 아니라, 원한다면 어떤 때나 특별한 순간을 보낼 수 있습니다.[19]

4 글로벌 팬덤 플랫폼, 위버스

위버스는 '우리(We)'와 '우주(Universe)'의 합성어로 HYPE의 자회사 WEVERSE COMPANY에서 개발한 메타버스 플랫폼입니다. 다른 메타버스와의 차이점은 팬 커뮤니티 역할을 대신하고 단순 팬 사이트를 넘어서 팬클럽 관리 또는 각종 행사와 상품 판매가 가능한 살아 있는 가상 공간으로 발전해 왔습니다. 대표 아티스트로는 방탄소년단(BTS), 투모로우바이투게더, 블랙핑크, 세븐틴, CL 등이 있습니다.

위버스의 커뮤니티는 기본적으로 무료로 오픈되었지만, 멤버십 전용 독점 콘텐츠 등은 유료 회원으로 가입해야 이용할 수 있습니다. 이 유료 회원들은 기존의 팬클럽 정회원처럼 티켓팅, 굿즈 구매 등에서 우선권이 주어지는 혜택을 누릴 수 있습니다. 위버스는 아티스트와 팬이 함께 소통하며 만들어 가는 공간입니다. 아티스트가 포스팅이나 댓글을 쓰면 팬들이 즉각적으로 반응할 수 있으며, 유료 회원에게 주어지는 혜택으로 기존 팬클럽보다 훨씬 아티스트와의 긴밀한 유대가 가능합니다. 또한 글로벌 팬들의 원활한 소통을 위해 10개 언어로 자동 번역을 지원하고 있으며, 아티스트에 한정하여 동영상과 보이스 리플(Voice Ripple)[20] 기능을 제공하고 있습니다.

---

19 "벚꽃 축제는 이프랜드에서… SKT, 벚꽃엔딩' 랜드 오픈", 서울경제, 2022.04.06., https://www.sedaily.com/NewsView/264L71Y64V(2022.05.30.)
20 소리로 댓글을 달 수 있는 기능

3.3 특정 공간 플랫폼

특정한 목적만을 위해 그에 특화된 테마와 공간을 제공하는 메타버스 플랫폼들도 있습니다. 예를 들어 업무를 보거나 회의를 하기 위해, 집을 미리 구경하거나 인테리어를 하기 위해, 예술을 온라인으로 소비하기 위해 메타버스라는 공간을 활용하기도 합니다.

1 메타버스로 출근한다, 게더타운과 메타폴리스

게더타운의 정식 명칭은 '게더(Gather)'로, 메타버스 오피스 및 화상 회의 플랫폼입니다. 재택근무가 많아지면서 화상 회의 툴 '줌(Zoom)'이 많은 주목을 받기 시작했지만, 그간 오프라인 소통에 익숙하던 사람들이 대면적 요소를 완전히 없애고 고립된 온라인 화상 회의에 완전히 적응하기는 어려웠습니다. 게더는 이러한 점을 보완하고 사람들이 현실과 너무 동떨어진 느낌을 받지 않도록 '메타버스 업무 공간'을 구현했습니다. 유저는 게더에 접속해 아바타를 만들고 자신만의 사무실 공간을 꾸밀 수 있습니다. 또한 다른 유저가 있는 곳으로 이동하면 그 유저와 화상 회의가 연결됩니다. 반대로 유저끼리의 거리가 멀어지면 다른 장소의 소리가 모두 차단되어 자기 일에 집중할 수 있습니다.

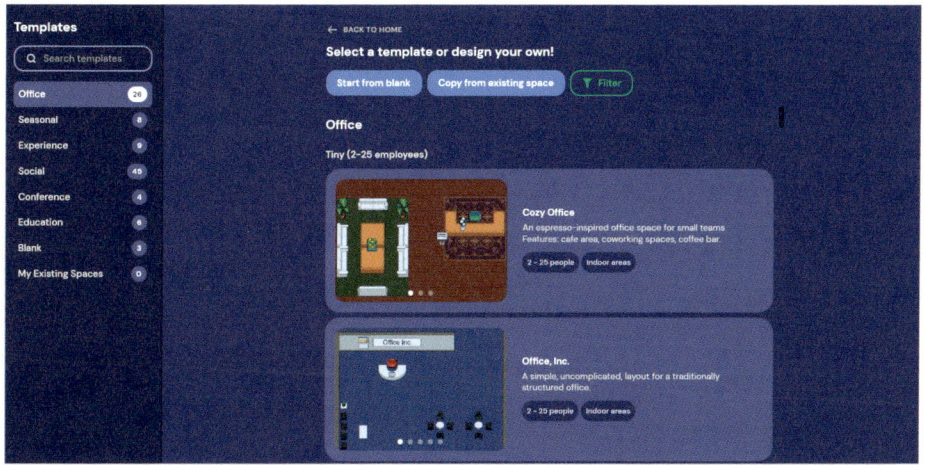

1-9 게더타운의 오피스 공간 선택 모습[21]

21 https://app.gather.town/create

부동산 플랫폼 '직방'은 코로나19가 종식돼도 원격 근무를 계속하겠다고 밝히며 아예 직원들을 메타버스 사무실로 출근시켰습니다. 직방이 자체 개발하여 도입한 가상 오피스의 이름은 '메타폴리스'로, 30층으로 이루어진 빌딩 중 두 개의 층이 사무실로 쓰이고 있습니다. 주목할 만한 점은 직방이 이런 공간을 다른 기업들에게도 임대한다는 것입니다. 가까운 미래에는 메타버스 부동산을 임대하거나 매매하는 일이 보편화될지도 모릅니다.

1-10 직방의 메타폴리스 모습[22]

2 대학 수업과 행사도 메타버스에서, 인게이지, 스노우버스, 이프랜드

메타버스 플랫폼으로 비대면의 단점을 극복한 사례는 대학에서도 찾아볼 수 있습니다. 앞서 청강문화산업대학교가 디토랜드에서 수업을 개설한 것처럼, 성균관대학교, 고려대학교, 숙명여자대학교, 순천향대학교 등 여러 대학에서도 메타버스 플랫폼을 활용해 각종 행사와 수업을 진행했습니다. 이렇게 대학교들이 메타버스에 적극적으로 뛰어든 이유는 무엇일까요?

코로나 팬데믹으로 신입생들은 캠퍼스 구경을 해 보지도 못하고 집에서 비대면

22 https://han.gl/xvBji

수업을 들어야 했습니다. 특히 초기에 화상으로 대체되었던 수업의 질이 매우 낮아 학생들의 불만은 이만저만이 아니었다고 합니다. 이로 인해, 다수 대학에서는 적극적으로 메타버스에 강의실 공간을 구현하고 제공하면서 비대면 수업의 장점을 이끌어 내기 위해 노력했습니다. 메타버스 강의실에 접속하는 학생들은 여전히 비대면 강의를 수강하지만 마치 대학 강의실에 들어온 것과 같은 환경을 마주합니다. 여기에 시청각 자료들을 활용하고 공유하며 수업이 진행됩니다. 단순히 화면에 나타난 얼굴만 바라보던 무미건조한 비대면 수업의 형태를 탈피한 것입니다.

또 대학생들에게 있어 특별한 경험은 축제와 같은 학교 행사일 것입니다. 공연 무대나 여러 즐길 거리를 그저 동영상으로만 보여 준다면 아무도 즐기지 않을 것입니다. 메타버스로 구현하는 축제는 비대면으로도 이색적인 즐거움을 경험할 수 있는 공간입니다. 비록 몸은 집에 있지만 메타버스를 통해 마치 축제에 직접 참여한 것처럼 움직이며 아바타로 서로 게임도 즐기고, 음식을 사 먹는 모션을 취하고, 무대도 관람하며 실재감을 높이는 다양한 체험이 가능합니다.

1-11 메타버스 캠퍼스에서 숙명여대 장윤금 총장과 기념 촬영을 하는 학생들[23]

실제로 여러 대학에서는 '인게이지(ENGAGE)', '스노우버스(Snowverse)', '이프랜드', '디토랜드' 등의 다양한 메타버스 플랫폼을 활용해 학생들의 면학 분위기를 개선하고 및 대학 생활에서 겪는 다양한 활동을 경험하도록 노력하고 있습니다. 그

---

[23] "'가상세계서 공부하고 즐겨요'…'메타버스' 올라탄 대학들", AI타임스, 2021.12.26., http://www.aitimes.com/news/articleView.html?idxno=142031(2022.05.30. 이미지 제공-숙명여자대학교)

중에서 인게이지의 경우 VR 기능을 지원해 더욱 생동감 있는 참여가 가능한 플랫폼으로 주목받았으며, 숙명여자대학교의 경우 LG 유플러스와 협약하여 대학 전용 메타버스인 스노우버스를 오픈하기도 했습니다. 이렇게 사회 여러 방면에서는 가상 환경의 무궁무진한 활용을 통해 기존 비대면 문화의 한계를 넘어서기 위한 노력들이 끊임없이 이루어지고 있습니다.

3 메타버스에서 공연도 한다, 포트나이트

에픽게임즈가 개발한 포트나이트(Fortnite)는 원래 슈팅 게임으로 유명했습니다. 2017년 PC와 PS4, XBOX 버전 출시 이후 닌텐도 스위치까지 출시되며, 전 세계 이용자 수가 3억 명을 넘었습니다. 포트나이트의 대표적인 콘텐츠는 총싸움을 하는 '배틀 로얄' 모드로, 많은 유저들에게 가장 익숙합니다.

하지만 포트나이트가 '파티 로얄' 서비스를 추가하며 메타버스 서비스로도 유명해지기 시작했습니다. 파티 로얄 섬에 접속하면 유저들끼리 서로 싸울 수 없으며, 단지 대화를 나누거나 함께 문화를 즐길 수만 있습니다. 즉, 경쟁과 파괴의 형태를 탈피하고 다 같이 공존하는 모습이 나타납니다. 우리나라에서 포트나이트가 유명해진 것이 바로 이 파티 로얄을 활용한 방탄소년단과의 콜라보 때문입니다. 포트나이트는 파티 로얄에서 방탄소년단의 '다이너마이트' 뮤직비디오 파티를 열어 유저들이 함께 어울리며 즐거운 시간을 보낼 수 있도록 지원하였습니다.

2020년 4월에는 유명한 메타버스 공연 중 하나가 열렸습니다. 바로 미국의 유명 래퍼 트래비스 스콧(Travis Scott)이 사흘에 걸쳐 열었던 언택트 공연입니다. 이 공연에서 스콧의 거대한 아바타가 구현되어 무대가 연출되었습니다. 뿐만 아니라 장소와 관객의 위치가 정해진 기존의 공연장 형식을 탈피하고, 무대 배경이 계속해서 바뀌고 관객의 아바타까지 하늘로 솟구치는 등 새로운 경험을 제공했습니다.

4 메타버스로 즐기는 K-콘텐츠, 디토랜드

2021년 10월, 디토랜드에 '테마파크형 메타버스'가 구축되었습니다. tvN이 15주년을 맞이해 자사 콘텐츠를 체험할 수 있는 '즐거움랜드'를 디토랜드 메타버스 공간에 오픈한 것입니다. 이곳에 접속하면 tvN의 여러 콘텐츠를 체험할 수 있습니다. 대표적으로 드라마의 배경이 되었던 특정 장소가 구현되어 있어 그 장소를 체험해 볼 수도 있고, 주인공이 입었던 의상을 아바타로 착용해 볼 수도 있습니다. 또 예능의 주인공이 되어 다른 유저들과 함께 게임을 즐길 수도 있으며, 여러 프로그램에 등장했던 음식들을 맛볼 수도 있습니다. 이 밖에도 각종 아기자기한 공간들과 분위기 있는 연출로 이색적인 경험이 가능합니다. 즐거움랜드는 테마별로 공간을 나누고, 각 공간(랜드)들을 순간 이동 장치로 연결시켜 놓았습니다. 서로 다른 공간들끼리의 무한한 연결이라는 메타버스의 특징이 여기에서도 드러나는 것이지요.

세계적으로 돌풍을 일으킨 국내 드라마를 디토랜드에서 체험해 볼 수도 있습니다. 황동혁 감독의 〈오징어 게임〉이 큰 성공을 거두자, MrBeast라는 유튜버는 실제로 참가자들을 모집해 〈오징어 게임〉의 게임을 현실에서 진행했습니다. 디토랜드는 메타버스 공간에 '오징어 게임'을 구현해 누구든 접속해 체험할 수 있도록 했습니다. 드라마 속 장소와 게임을 거의 똑같이 재현했으며, 리더보드에는 참가자의 순위를 기록해 멀티플레이로서 경쟁할 수 있도록 했습니다. 또한 〈지금 우리 학교는〉이라는 웹툰 원작의 드라마를 패러디한 '오늘 우리 학교는' 월드도 디토랜드에 구현되어 있습니다. 유저들은 이곳에서 좀비가 된 친구들을 피해 여러 단서를 찾고 장애물을 넘어 학교를 탈출하는 과정을 플레이할 수 있습니다. 이렇게 다양한 문화 콘텐츠까지 즐길 수 있는 장을 마련할 수 있다는 점에서 디토랜드와 같은 메타버스 플랫폼의 잠재력과 활용도는 무궁무진함을 확인할 수 있습니다.

1-12 디토랜드에 구현된 '오늘 우리 학교는'과 '오징어 게임'

4
메타버스와 게임의 관계

4.1 　메타버스 속 게임의 역할

　메타버스와 게임은 닮은 점이 많습니다. 메타버스의 가상 세계에서 아바타를 사용해 다른 유저들과 소통하는 것과 게임에서 캐릭터를 사용해 전 세계 유저들과 함께 게임을 하는 것은 큰 차이가 없습니다. 또한 게임에서 캐릭터에게 입힐 옷이나 아이템을 레벨 업 하고 아이템을 거래하는 등의 경제 활동은 메타버스상에서도 활발히 일어나고 있습니다.

　미국의 컨설팅 회사인 액티베이트(Activate)는 2022년 테크·미디어 산업 전망 보고서에서 '게임은 메타버스로 가는 출발점이자 가장 성공적인 길'이라고 발표했습니다. 메타버스의 확장을 위해서는 무엇보다 많은 사용자가 지속적으로 접속하는 것이 중요합니다. 사용자들을 메타버스로 불러오는 핵심 열쇠는 바로 게임입니다. 실제로 게임의 유무가 메타버스의 흥행에 큰 영향을 미치기도 합니다. 이전 챕터에서 언급한 디토랜드, 로블록스, 포트나이트 등의 메타버스 플랫폼들은 모두 게임이 핵심이 되는 메타버스에 주력하고 있습니다. 글로벌 빅테크[24]로 대표되는 메타, 마이크로소프트 등은 이미 게임 시장에 뛰어들어 막대한 투자를 하는 중입니다.

　우리가 게임을 하는 이유는 무엇일까요? 스마트폰 게임을 하는 10대 청소년에게 질문했을 때 나온 답변 중 44%에 해당하는 것은 바로 '재미있어서'였습니다. 많은 연구에 의하면 재미는 보상이나 특정한 목적에 구애받지 않는 상태에서 느끼는 자유로운 느낌이라고 합니다. 따라서 메타버스 공간에서 유저들이 함께 사진 촬영을

24　대형 정보기술 기업으로 아마존, 애플, 구글, 메타, 마이크로소프트가 있다.

하거나 다양한 소셜 활동 그리고 여러 게임에 참여하는 행위는 여러 의미를 내포하겠지만 단순히 재미를 느끼기 위한 부분도 포함되어 있다는 것을 알 수 있습니다. 메타버스 게임은 현실 세계의 시뮬레이션이라 볼 수 있고, 이를 통해 현실 세계에서는 경험할 수 없는 것들을 간접적으로 경험하고 이해합니다. 이처럼 사람들은 재미와 성취 욕구를 충족하기 위해 메타버스를 활용하기도 합니다.

게임은 메타버스에서 다른 사람들과 어울릴 수 있는 방법 중 가장 쉬운 방법입니다. 온라인상에서의 커뮤니티는 보통 메신저를 통해 텍스트를 활용한 의사소통 및 감정 표현이 기본이었습니다. 그러나 이제는 자신의 아바타를 통해 서로를 바라보며 음성으로 대화할 수 있는 메타버스상의 기능도 활용되고 있습니다. 이렇게 커뮤니티의 형성은 기술의 발달로 온라인 공간에서 자유롭게 형성되어 왔습니다. 그리고 현대 사회에서 메타버스라는 새로운 문화의 등장과 함께 커뮤니케이션 관련 기술의 발전이 이루어졌습니다. 따라서 함께 게임에 참여하고 경쟁과 협력하는 과정에서 발생하는 가상 공간에서의 커뮤니티 활동은 새로운 교류의 장으로 등장하고 있습니다.

4.2 게임의 핵심 요소

조금 더 깊게 들어가 게임은 어떤 요소들로 이루어져 있는지 알아보겠습니다. 게임 분석 기법으로 널리 쓰이고 있는 'MDA 프레임워크'가 있습니다. 2004년 미국 인공 지능학회에서 마크 르블랑, 로빈 휴닉, 로버트 주벡 등이 발표한 이 게임 디자인 이론은 게임 기법(Mechanics), 플레이어 경험(Dynamics), 감각적 반응(Aesthetics)으로 이루어져 있습니다. MDA 프레임워크는 어떤 유형의 게임에나 활용할 수 있는 일반적인 이론으로 받아들여지고 있습니다. 각각의 요소에 대해 살펴봅시다.

1 Mechanics / 게임 기법

먼저 게임 기법에는 게임의 목표, 승리 조건, 다양한 캐릭터와 아이템, 게임 공간, 규칙, 운, 액션이 있습니다. 모든 게임은 형태가 조금씩 다르더라도 이러한 게임 기법을 사용하고 있습니다. 플레이어는 게임을 시작하기 전에 어떤 게임 기법이 사용되었는지 튜토리얼을 따라 하면서 이해하거나, 게임을 진행하면서 숙지합니다. 메타버스 게임에서는 기본적인 게임 기법과 함께 가상 공간이라는 특수한 환경에 맞는 게임 기법을 추가하게 됩니다.

2 Dynamics / 플레이어 경험

게임에는 게임 규칙을 이해하고 목표에 도전하며, 성공적으로 목표에 도달하는 플레이어가 있습니다. 플레이어가 게임을 플레이하면서 게임 기법을 통해 받는 여러 가지 피드백이 여기에 해당합니다. 특정 목표를 달성할 경우 그에 맞는 적절한 보상, 지위, 성취, 경쟁, 이타심 등이 플레이어 경험입니다. 메타버스 게임에서는 가상 통화 또는 아바타 아이템 등이 대표적인 보상이 될 수 있겠습니다. 그리고 보상이 적절히 이루어졌을 때 아바타를 통해 현재 자신의 감정을 표현할 수 있는 동작 등도 하나의 게임 요소입니다.

Mechanics	Dynamics
기본 구성 요소 게임 기법	게임 중의 작용 & 플레이어의 경험
포인트(point)	보상(reward)
레벨(level)	지위(status)
도전(challenges)	성취(achievement)
가상의 물건들(virtual goods)	자기표현(self expression)
리더보드(leader boards)	경쟁(competition)
선물, 기부(gifting & charity)	이타심(altruism)

표 1-2 Mechanics와 Dynamics의 관계도

3 Aesthetics / 감각적 반응

감각적 반응은 플레이어가 게임을 플레이하면서 느끼는 모든 감정적인 반응을 포함합니다. 게임은 상당 부분을 시청각적인 효과에 의존하고 있기 때문에 사용자가 느끼는 시청각 효과가 매우 중요합니다. 이러한 시청각 효과는 게임이 말하고

있는 이야기를 구현하는 과정에서 나타나게 됩니다. 최근 메타버스 게임의 발달 과정을 살펴보면 가상 공간에서의 나, 그리고 우리라는 사회적 유대감이 감각적 반응에서 매우 큰 비중을 차지하고 있음을 볼 수 있습니다. 뿐만 아니라 과거 전략 시뮬레이션, MMORPG 등 많은 유저를 확보하고 있는 게임에는 그에 맞는 환상적인 세계관과 스토리를 가지고 있습니다. 게임 기획자 및 개발자에 의해 정해진 스토리를 따라 나의 캐릭터를 키워 나가는 방식이 과거 게임의 형태라면 메타버스 게임은 정해진 캐릭터가 아닌 가상 세계에 나를 등장시켜 다른 사람들과 함께 세계관을 확장시켜 나간다는 차이점이 있습니다. 정해지지 않은 스토리를 끊임없이 창조해 나가는 높은 자유도로 인해 많은 사람이 감정적으로 해방감을 가질 수 있다는 것이 메타버스 게임의 큰 장점입니다.

시청각 효과	사회적 유대감(커뮤니티)
환상의 세계, 판타지	탐험, 미지의 세계 발견
매력적인 스토리	캐릭터, 표현

표 1-3 Aesthetics의 구성 요소

4.3 게임으로 이해하는 메타버스 활용법

메타버스 게임은 기존 게임과의 차이점이 있습니다. 캐릭터의 성장, 퀘스트 달성, 아이템의 획득을 위한 게임이 기존 온라인 게임의 특징이라면, 메타버스 속 게임은 가상 공간에서 내가 만든 게임을 통해 다른 사람들과 어울릴 수 있을 뿐 아니라 또 하나의 세계를 만드는 도구라는 점입니다. 그리고 중요한 것은 메타버스에 내가 직접 기획한 게임을 만들어 낼 수 있다는 점입니다. 내가 만든 랜드, 월드로 유저를 초대하고 준비한 게임에 참여자들이 경험을 통해 도전과 실패, 성공과 기쁨을 느낄 수 있도록 설계할 수 있습니다. 재미를 위해 게임을 하는 것은 동일하나, 단순히 게임을 하는 것과 만드는 것에는 큰 차이가 있을 것입니다.

메타버스에서 게임은 함께하며 즐기고 대화할 수 있는 방법 중 하나인 것입니다. 이것은 2000년대 초반 인터넷이 활성화되면서 많은 사람이 자신만의 홈페이지를 개설하여 가족이나 친구를 초대하여 방명록에 글을 남기며 소통했던 방식에서 한 층 발전된 형태로 볼 수 있습니다. 누구나 쉽게 메타버스에 참여할 수 있고 가상 공간에서 내가 원하는 게임을 직접 만들어 다른 유저들과 함께 즐길 수 있다는 점이 높은 자유도와 함께 몰입도까지 높여 준 것입니다. 기존 게임의 메커니즘이 타 유저와의 경쟁 또는 게임 내 캐릭터의 수련을 통해 보상을 쟁취해야 하는 기본이었다면, 현재의 메타버스 게임은 가상 공간에서 실제처럼 함께 즐기기 위해 하는 일종의 놀이처럼 인식됩니다. 승리와 패배, 기록이라는 게임적 요소를 활용하지만 사람들은 승패보단 게임을 하고 있는 상황 그 자체에 몰입하여 다른 사람들과 어울리는 것에 만족합니다. 그리고 내가 만든 메타버스 게임을 통해 현실과 연결되어 경제적인 이득도 취할 수 있다는 점은 메타버스 게임의 큰 매력이라고 볼 수 있습니다. 또한 직접 만든 콘텐츠를 다른 사람들이 사용할 수 있도록 출시할 수도 있습니다. 다른 사람이 만든 콘텐츠 역시 가져와 추가로 수정할 수 있습니다. 이처럼 메타버스 내에서 게임은 집단 지성을 활용하여 아이디어를 풍부하게 발전시켜 나갈 수 있는 온라인 공동체로서의 역할을 가능하게 합니다.

CHAPTER 2

나만의 메타버스 만들기

1. 디토랜드로 시작하는 메타버스
2. 메타버스와 3D 모델링
3. 나만의 메타버스 만들기

1 디토랜드로 시작하는 메타버스

1.1 디토랜드 알아보기

1 디토랜드 소개

'코딩도 모르는 내가 메타버스를 만들 수 있을까?'라고 생각하시나요? 요즘은 코딩을 할 줄 몰라도 쉽게 메타버스를 만들 수 있는 플랫폼들이 개발되어 무료로 사용할 수 있게 공개되어 있습니다. 그중 디토랜드를 소개해 드리려고 합니다. 디토랜드는 출시 전인 2019년 게임 및 소프트웨어 개발사인 에픽게임즈에서 창의적인 게임이나 프로젝트에 개발비를 지원하는 사업인 '메가그랜트'에 선정되기도 했습니다. 디토랜드에서는 사용자가 아바타를 만들 수 있고, 게임의 요소를 원하는 대로 변경하거나 직접 게임을 제작할 수 있습니다. 뿐만 아니라 디토랜드 플레이스를 활용해 다양한 메타버스 공간을 만들 수 있습니다. 디토랜드는 PC와 모바일에서 플레이가 가능해 언제 어디서든 메타버스에 접속할 수 있습니다.

2 디토랜드 특징

디토랜드의 가장 큰 특징은 유저가 스튜디오에서 직접 제작한 월드를 플랫폼에서 공유하고 다른 유저들과 함께 즐길 수 있다는 것입니다. 먼저 스튜디오에서는 레벨 디자인[25], 스크립팅[26], 퍼블리싱[27] 및 UGC 공유가 가능합니다. 디토랜드는 지

---

[25] 게임 내의 맵, 동선, 난이도 등을 기획하는 것
[26] 응용 프로그램이나 셀의 기능을 보완하기 위한 처리 순서를 기술한 간단한 프로그램인 스크립트를 기술하여 처리하는 것
[27] 게임을 출시하는 것

속적인 업데이트를 통해 사용 가능한 기능을 계속해서 추가하고 있습니다.

레벨 디자인	• 오브젝트를 이동, 회전, 스케일 조정하여 배치 • 재질, 색 변경 가능 • 도형 선택 가능 • 물리 엔진 적용 가능 • UI[28], 이펙트 기능 지원 • 영상 재생, 웹페이지 링크, 보이스 채팅 등 지원
스크립팅	• 스크립트를 이용해 로직을 추가할 수 있음 • Lua 스크립트 사용 • 비주얼 스크립트 지원 예정
퍼블리싱 및 UGC 공유	• 스튜디오로 만든 월드 게시 가능 • 유저용 리소스 업로드 툴 지원 예정 • 자신만의 월드, 리소스는 다른 유저에게 판매 가능

표 2-1 스튜디오 특징

커뮤니티	• 플랫폼에서 그룹 기능, 채팅 지원 • 친구들과 모일 수 있는 공간(플레이스) 제공
공유 및 크리에이션	• 다른 유저들이 만든 콘텐츠 검색, 플레이 • 콘텐츠 추천, 비추천에 의한 노출도 조정 • 티셔츠 만들기 지원 예정
수익 창출	• 내가 만든 UGC 다른 유저에게 판매 가능 예정

표 2-2 플랫폼 특징

1.2 디토랜드 시작하기

디토랜드는 크게 플랫폼, 스튜디오, 대시보드 세 가지로 나눌 수 있습니다. 첫 번째로 플랫폼에서는 사람들이 만든 메타버스 월드에 접속해서 게임을 플레이하거나 다른 사용자들과 소통할 수 있습니다. 두 번째로 스튜디오에서는 월드를 직접 제작

---

28 컴퓨터나 모바일 기기 등을 사용자가 더욱 편리하게 사용할 수 있는 환경을 제공하는 설계 또는 그 결과물

할 수 있습니다. 마지막으로 대시보드에서는 아바타를 원하는 대로 꾸미고 변경할 수 있습니다. 디토랜드 플랫폼과 대시보드는 현재 PC와 모바일에서 접속이 가능하지만 스튜디오는 PC에서만 접속할 수 있습니다. 디토랜드를 이용하는 방법을 알아보도록 하겠습니다.

1 디토랜드 플랫폼 접속하기

2-1

설명

PC로 디토랜드 홈페이지(www.ditoland.com)에 접속합니다.

순서

1 오른쪽 상단의 설치하기 버튼 왼쪽의 눈사람 모양 아이콘을 클릭합니다.

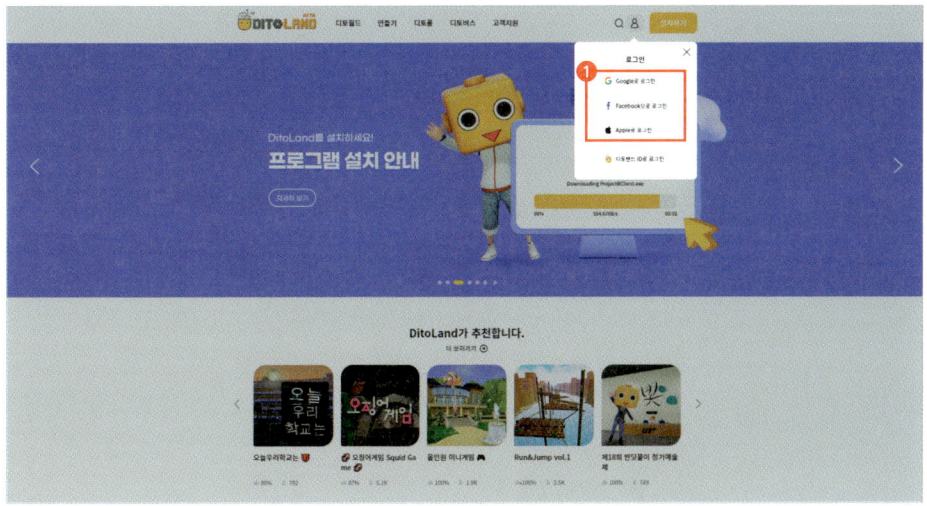

2-2

> 설명

디토랜드 플랫폼을 이용하기 위해서는 로그인이 필요합니다.

> 순서

1 Google / Facebook / Apple 등 원하는 계정으로 간편 로그인을 진행합니다.
(만약 위 세 계정이 없다면 각 계정에서 회원가입을 진행해야 합니다.)

2 디토랜드 프로그램 설치하기

아바타와 게임을 제작하기 위해서는 디토랜드 프로그램이 필요합니다. 디토랜드 프로그램에는 디토랜드 스튜디오와 대시보드가 있습니다. 디토랜드 프로그램은 디토랜드 사이트 이용과 별개로 별도 다운로드가 필요합니다. 그럼 디토랜드를 설치하는 방법을 살펴보겠습니다.

2-3

설명

디토랜드 프로그램을 설치합니다.

순서

1 디토랜드 플랫폼 메인화면 오른쪽 상단에 노란색으로 된 '설치하기' 버튼을 클릭합니다.

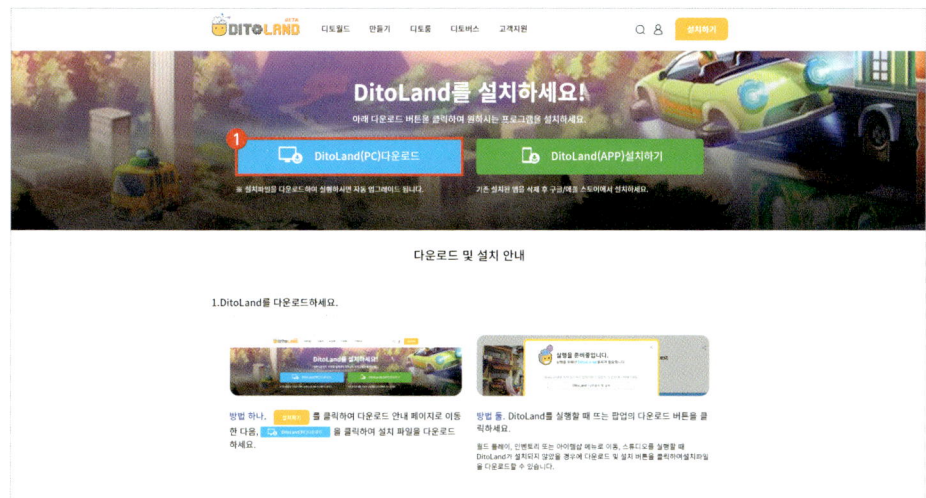

2-4

> 설명

디토랜드 프로그램을 설치합니다.

> 순서

1 DitoLand(PC)다운로드 버튼을 클릭합니다.

운영체제	윈도우® 10		
브라우저	DitoLand는 최신 버전의 Google Chrome에 최적화되었습니다. * Microsoft Edge, Mozilla Firefox, 네이버 웨일 등은 최소 기능만 지원 * Internet Explorer의 모든 버전은 더 이상 지원하지 않음		
프로세서	인텔® Core™ 2 듀오 E8500	AMD Phenom™ II X3 720	
비디오	NVIDIA® GeForce® GT 440	AMD™ Radeon™ HD 5670	인텔® HD Graphics 5000
메모리	4GB RAM		
용량	10GB의 하드 디스크 여유 공간		
인터넷	광대역 인터넷 연결		
입력장치	키보드 및 마우스, 그 외의 입력장치는 지원하지 않음		
해상도	최소 1024 × 768 디스플레이 해상도		

표 2-3 디토랜드 실행을 위한 컴퓨터 최소 사양

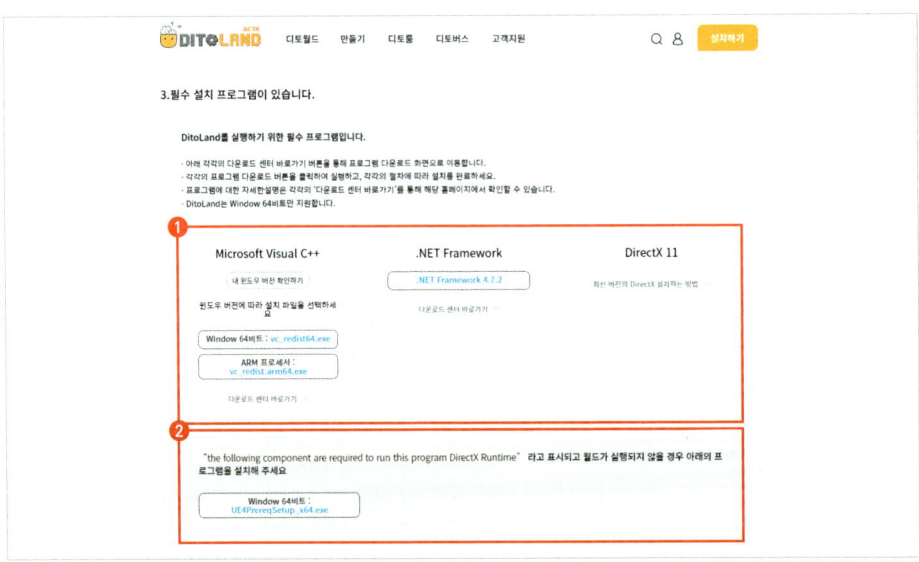

2-5

> 설명

디토랜드 프로그램을 설치합니다.

> 순서

1. 디토랜드를 사용하기 위해서 컴퓨터에 필수 설치 프로그램이 다운로드되어 있어야 합니다.
2. 설치 시 위에서 언급한 안내 메시지 창이 뜨면 알맞은 프로그램을 추가 다운로드해 줍니다.

2-6

> 설명

디토랜드 프로그램을 설치합니다.

> 순서

1. 다운로드받은 파일을 실행합니다.
2. 안내 메시지 창이 뜨면 '예(Y)'를 클릭합니다.

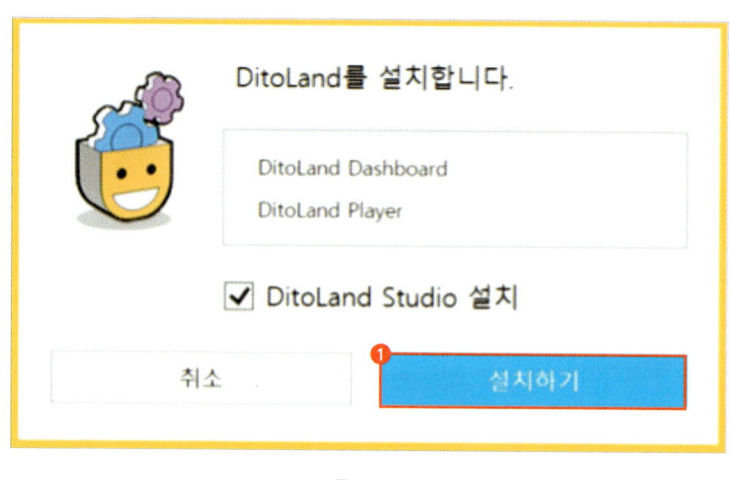

2-7

> 설명

디토랜드 프로그램을 설치합니다.

> 순서

1 '설치하기'를 클릭합니다.
2 설치가 완료되면 '확인'을 클릭합니다.

2-8

바탕화면에 대시보드와 스튜디오가 각각 설치된 것을 확인할 수 있습니다.[29]

3 메타버스 체험하기

디토랜드를 설치했으니 이제 디토랜드에 접속해서 메타버스를 체험해 보겠습니다.

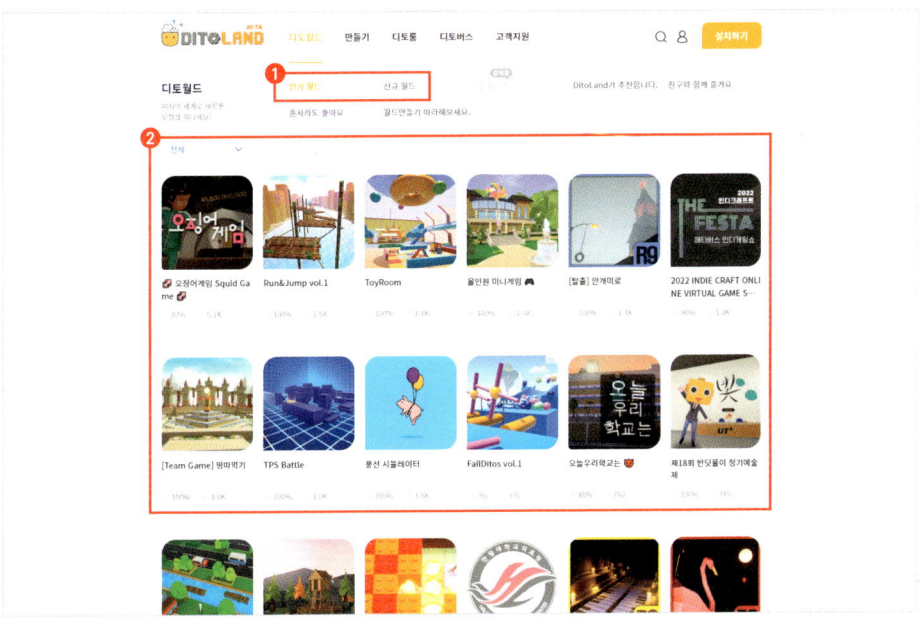

2-9

---

29 스튜디오 사용 시 최신 버전 사용 및 업데이트 편의를 위해 웹에서 접속하는 것을 권장합니다.

설명

디토랜드 플랫폼에서 월드에 접속합니다.

순서

1. 상단의 '디토월느' 탭 하단의 '인기 월드' 또는 '신규 월드'를 클릭해서 어떤 월드가 있는지 살펴봅니다.
2. 접속하고 싶은 월드를 클릭하여 입장합니다.

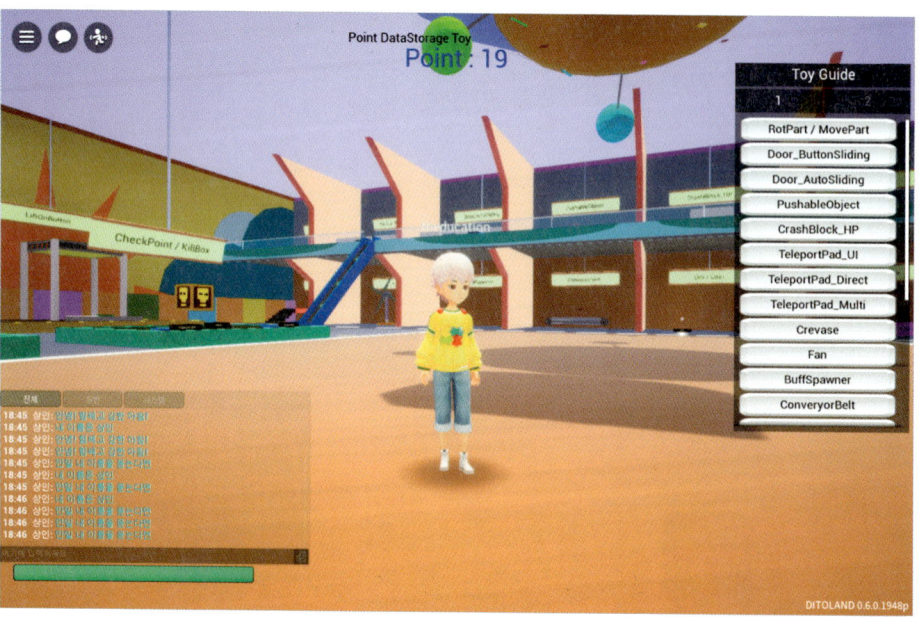

2-10

설명

디토랜드 플랫폼에서 월드에 접속합니다.
원하는 위치로 이동합니다.

순서

1. 방향키 또는 키보드 자판의 W, A, S, D 키를 눌러 이동합니다.
2. 마우스로 시점을 전환할 수 있습니다.
3. 스페이스바를 눌러 점프할 수 있습니다.

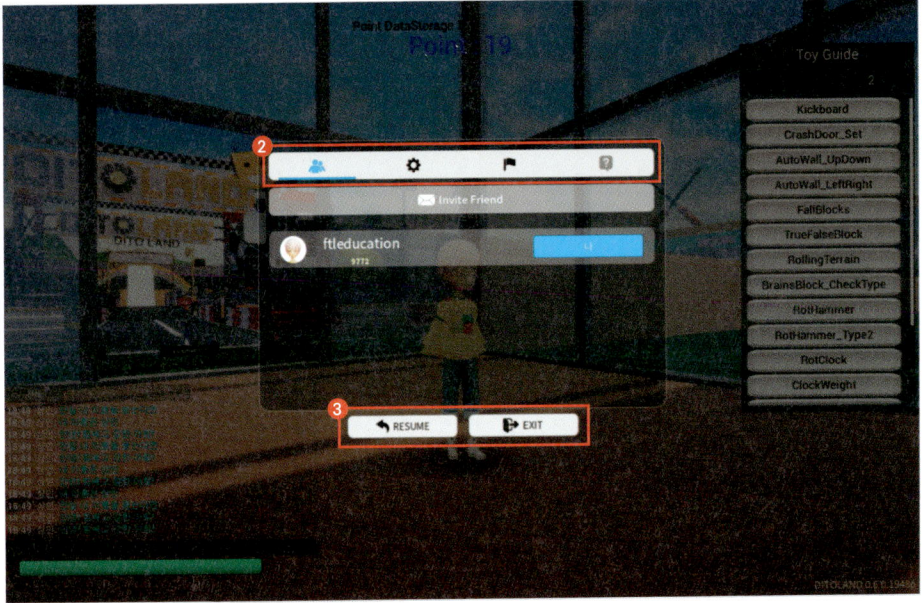

2-11

설명

월드 환경 설정을 할 수 있습니다.

순서

1. ☰ 왼쪽 상단 첫 번째 아이콘을 클릭합니다. (단축키는 Esc입니다.)
2. 현재 접속 중인 사용자와 환경 설정, 신고, 문의, 친구 초대 메뉴가 있습니다.
3. 'RESUME WORLD'를 클릭하면 월드로 돌아갈 수 있고, EXIT를 클릭하면 월드에서 퇴장할 수 있습니다.

 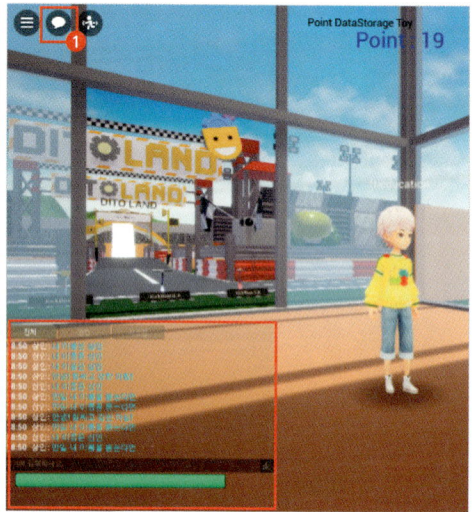

2-12

설명

다른 사용자들과 채팅을 할 수 있습니다.

순서

1. 왼쪽 상단 말풍선 아이콘을 클릭해서 채팅창을 끄고 켤 수 있습니다.

2-13

설명

춤추기, 하트 표시, 인사, 환호 등의 감정 표현을 할 수 있습니다.

순서

1 왼쪽 상단 세 번째 모션 아이콘을 클릭한 후에 숫자를 클릭해 지정된 감정을 표현하도록 만들 수 있습니다.

2 감정 표현을 중지하고 싶을 때는 방향키를 눌러 중지할 수 있습니다.

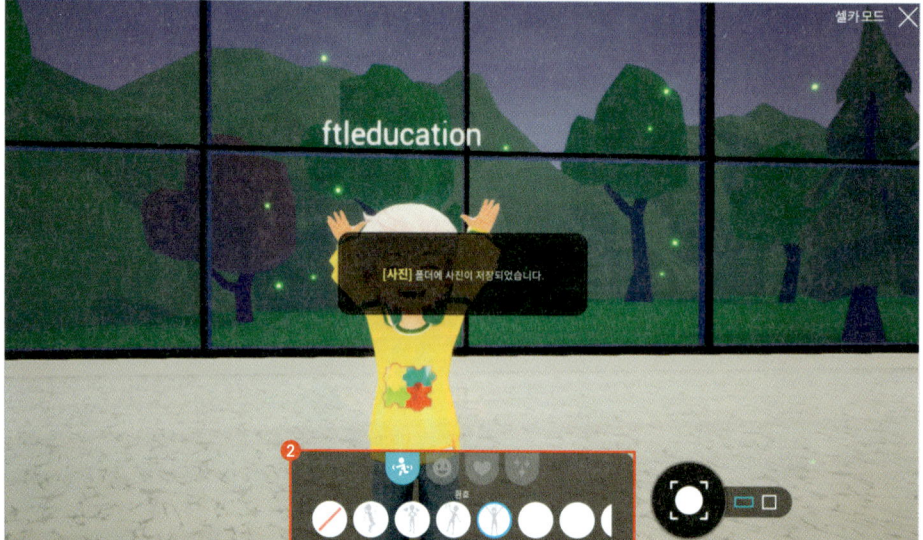

2-14

> 설명

특정 월드에서는 스크린 숏을 찍을 수 있습니다.

> 순서

1 우측 상단의 Photo(P) 아이콘을 클릭해 스크린 숏을 찍을 수 있습니다.

2 다양한 포즈를 취한 후 오른쪽 하단의 셔터 아이콘을 클릭합니다.
3 컴퓨터의 DitoLand 폴더에서 저장된 사진을 확인할 수 있습니다.

2-15

설명

특정 월드에서는 캐릭터를 처음 위치로 이동시킬 수 있습니다.

순서

1 오른쪽 상단의 Reset(R) 아이콘을 클릭하면 '캐릭터 위치를 재설정하시겠습니까?'라는 알림 창이 뜹니다.
2 빨간색 버튼을 클릭하면 캐릭터가 처음에 있던 자리로 돌아갑니다.

2-16

> **설명**

특정 월드에서는 조작 도움말을 볼 수 있도록 지원합니다. 다른 디토랜드 월드의 조작 방법과 동일합니다.

> **순서**

1 오른쪽 상단의 Help(H) 아이콘을 클릭하면 조작 도움말 창이 뜹니다.

1.3 디토랜드 대시보드로 아바타 만들기

1 아바타 제작

대시보드는 아바타 제작이 가능한 공간으로 아바타의 얼굴과 체형을 원하는 대로 만들 수 있습니다. 또한 다양한 옷과 액세서리, 헤어스타일이 제공되어 세상에 하나뿐인 나만의 아바타를 제작할 수 있습니다. 대시보드는 커스텀, 인벤토리, 아이템 샵 메뉴로 구성되어 있습니다.

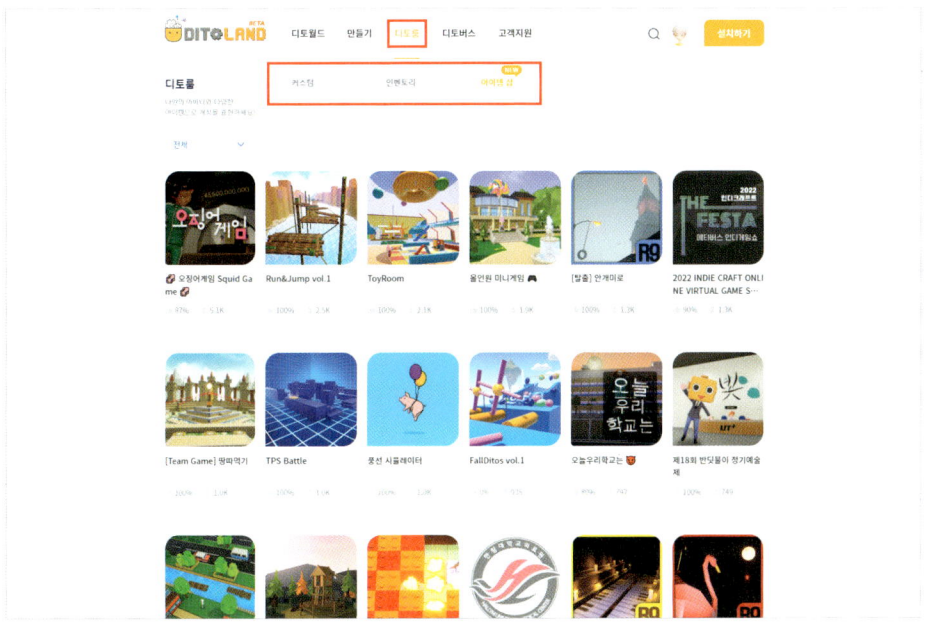

2-17

대시보드에 접속하기 위해서는 디토랜드 홈페이지 상단의 디토룸을 클릭하거나, 디토룸의 하위 메뉴를 클릭하여 실행합니다.

2 커스텀

아바타의 체형, 얼굴, 눈, 코, 눈썹, 입을 설정할 수 있습니다. 각 메뉴별로 원하는 모양을 선택한 다음 오른쪽 하단의 상세 커스텀에서 보다 입체적인 제작이 가능합니다.

(1) 체형

2-18

> 설명

아바타의 체형을 설정합니다.

> 순서

1 체형 상세 커스텀에서 설정을 원하는 부분을 선택합니다.
2 원 모양의 상세 커스텀 기능을 사용해 체형을 원하는 대로 조정합니다.

아이콘 기능 알아보기

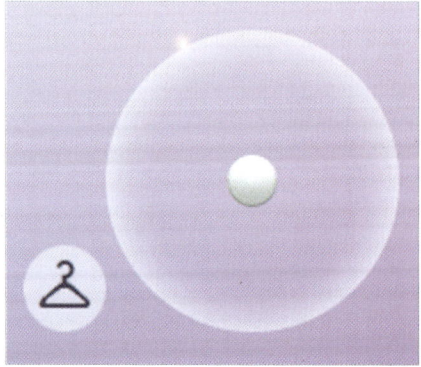

2-19

- 상세 커스텀 기능: 3D의 입체적인 커스텀이 가능합니다.
- 옷걸이 모양 아이콘: 클릭하면 적용한 모든 아이템이 한 번에 사라집니다. 한 번 더 클릭하면 아이템이 다시 적용됩니다.

2-20

- 실행 취소/다시 실행/초기화/저장 아이콘입니다.

(2) 얼굴형

2-21

> 설명

아바타의 얼굴을 설정합니다.

> **순서**

1. 컬러에서 피부색을 설정합니다.
2. 프리셋에서 얼굴형을 설정합니다.
3. 상세 커스텀에서 입체적인 커스텀이 가능합니다.

(3) 눈, 코, 눈썹, 입

2-22

> **설명**

아바타의 눈, 코, 눈썹, 입을 설정합니다.

> **순서**

1. 설정을 원하는 부분을 선택합니다.
2. 프리셋에서 원하는 모양을 선택합니다.
3. 상세 커스텀에서 입체적인 커스텀이 가능합니다.

3 아이템 샵

아이템 샵에서는 새로운 아이템을 구매할 수 있습니다. 헤어스타일, 상의, 하의, 점프슈트, 모션을 구매할 수 있습니다.

(1) 아이템 구매 방법

2-23

> **설명**

원하는 아이템을 구매합니다.

> **순서**

1. 각 카테고리에서 원하는 아이템을 클릭해 아바타에게 적용합니다.
2. 원하는 아이템을 선택한 후 오른쪽 하단의 'N개 아이템' 버튼을 클릭하면 구매가 가능합니다.
3. 오른쪽 상단에 표시된 내가 가진 골드만큼 아이템을 구매할 수 있습니다.

(2) 장바구니

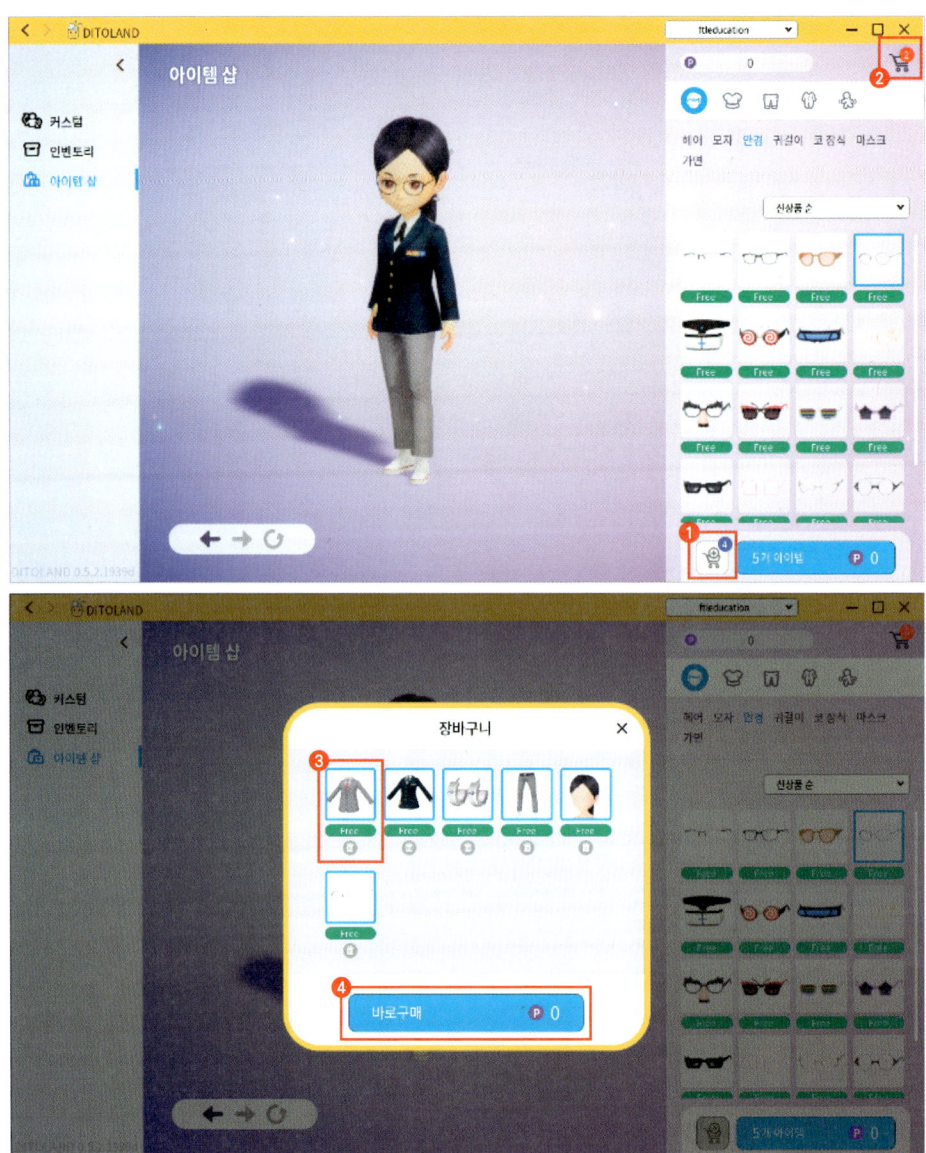

2-24

> **설명**

아이템을 구매하기 전 장바구니에 담을 수 있습니다.

> 순서

1. 구매하기 원하는 아이템을 클릭 후 오른쪽 하단의 카트 모양 아이콘을 클릭합니다.
2. 오른쪽 상단의 카트 모양 아이콘을 클릭하면 장바구니에 담긴 아이템을 확인할 수 있습니다.
3. 장바구니에서 구매할 아이템을 확인한 후, 원하지 않는 아이템은 삭제합니다.
4. '바로구매'를 클릭해서 아이템을 구매합니다.

(3) 모션 - 번들

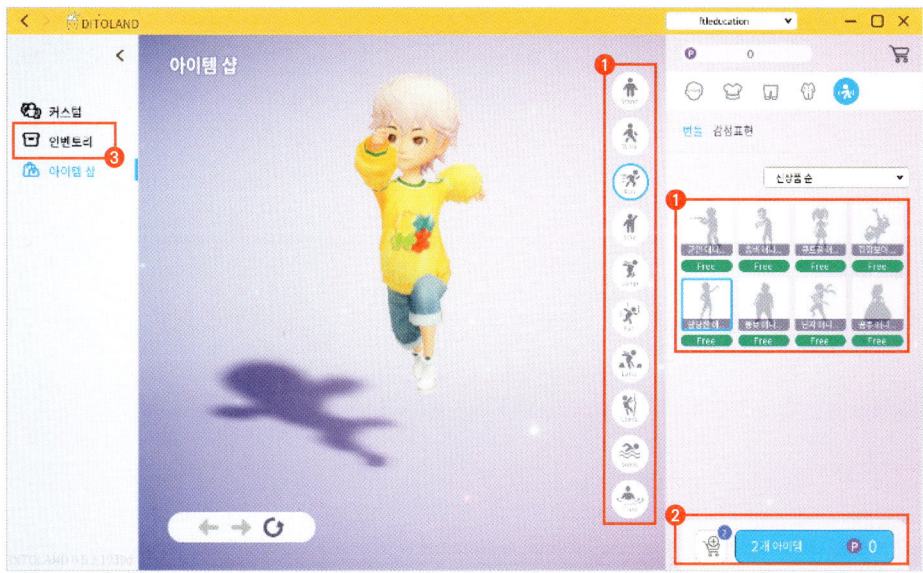

2-25

> 설명

모션 - 번들에서 캐릭터별 특징이 있는 여러 가지 모션을 묶어서 구매할 수 있습니다.

> 순서

1. 원하는 특성의 캐릭터를 선택해서 각 상황에 어떤 모션이 나오는지 확인합니다.
2. 구매를 원하는 번들을 구매합니다.
3. 구입한 번들을 인벤토리에서 설정하면 게임을 플레이할 때 자동으로 적용되어서 나옵니다 (단, 게임별로 정해진 모션이 있는 경우 제외).

(4) 모션 - 감정표현

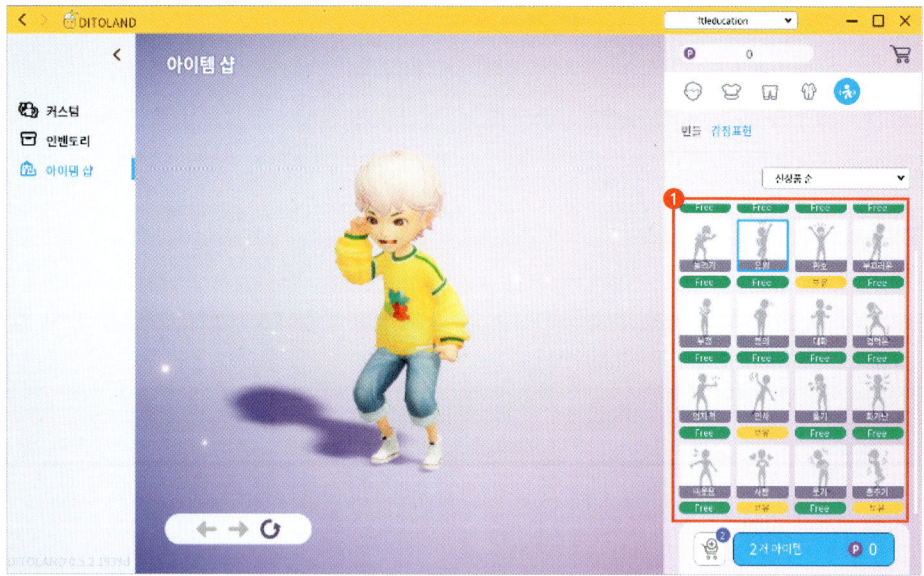

2-26

> 설명

다양한 감정표현을 구매할 수 있습니다.

> 순서

1. 아바타가 표현하기를 원하는 감정표현을 선택한 후 구매합니다.
2. 구입한 감정표현은 게임 내 모션 아이콘을 클릭해 사용할 수 있습니다.

4 인벤토리

인벤토리에서는 현재 보유 중인 아이템을 확인하고 장착할 수 있습니다.

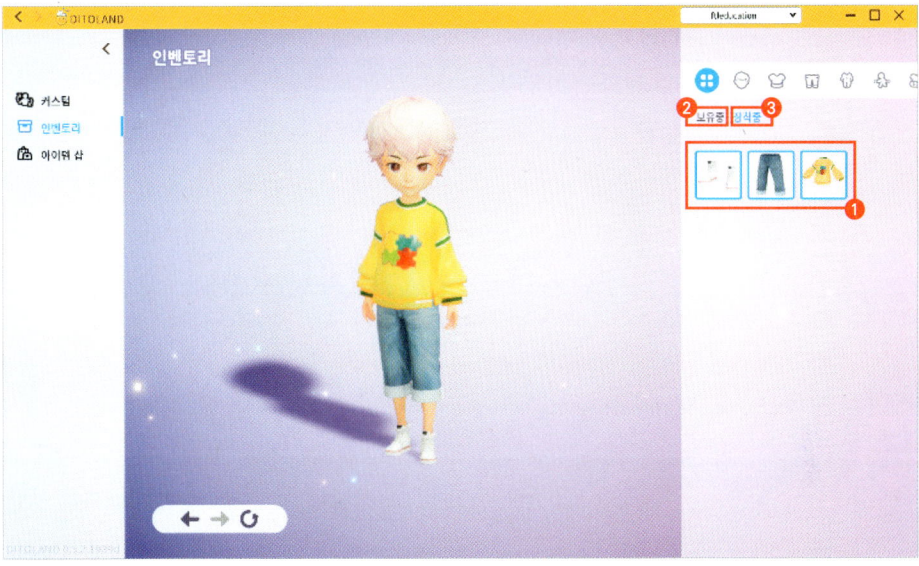

2-27

> 설명

보유한 아이템을 아바타에 적용할 수 있습니다.

> 순서

1. 착용하기 원하는 아이템을 클릭합니다.
2. '보유중'을 클릭하면 현재 보유하고 있는 아이템을 확인할 수 있습니다.
3. '장착중'을 클릭하면 현재 장착 중인 아이템을 확인할 수 있습니다.

1.4 디토랜드 스튜디오로 메타버스 만들기

1 월드와 랜드란?

월드(World)는 랜드(Land)보다 더 큰 개념으로, 랜드는 하나의 맵(Map)을 지칭합니다. 월드는 이 랜드들이 모여서 이룬 큰 세계입니다. 랜드에 텔레포트[30]를 기능을 추가하면 랜드에서 랜드로 이동할 수 있습니다.

2 스튜디오 메뉴 구성

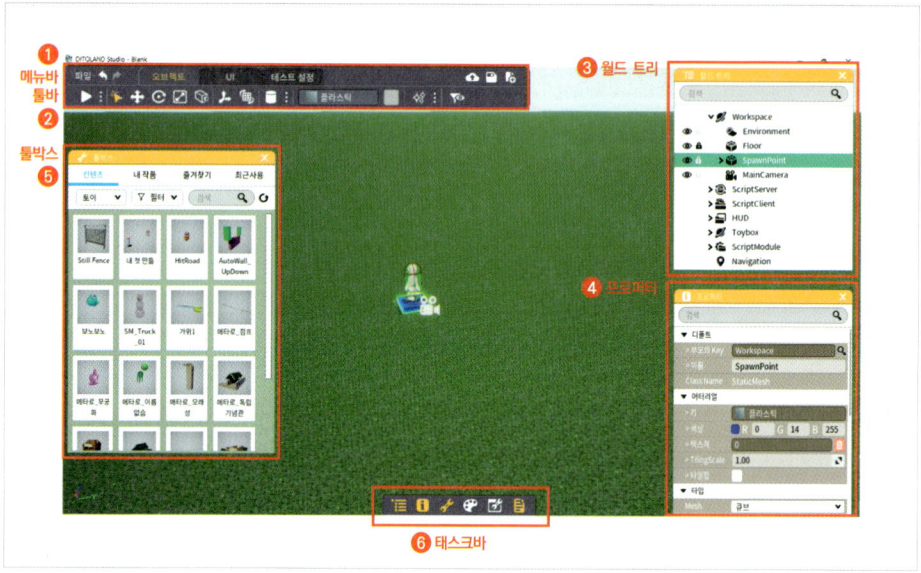

2-28

---

[30] 디토랜드 제작가이드의 Manual 리스트의 Land Teleport 파트를 참고해 설정할 수 있습니다. 디토랜드 스튜디오 기능을 활용하여 메타버스를 제작해 보고 매뉴얼을 따라 텔레포트 기능을 사용해 보세요. https://ditoland-utplus.gitbook.io/ditoland/manual/land-teleport

(1) 메뉴(Menu) 바

2-29

1 파일 메뉴 : 파일 저장, 새로 만들기, 불러오기 등
2 실행 취소
3 다시 실행
4 멀티테스트(Multitest) 탭 메뉴
5 빠른 실행 메뉴

(2) 툴(Tool) 바

2-30

1 플레이: 만든 게임을 업로드하기 전 미리 테스트해 볼 수 있습니다.
2 선택: 객체를 선택해서 드래그 하여 위치를 이동시킬 수 있습니다.
3 이동: 객체의 위치를 변경할 수 있습니다.
4 회전: 객체를 회전시킬 수 있습니다.
5 크기(스케일): 객체의 크기를 변경할 수 있습니다.
6 탑 뷰(Top view): 맵을 위에서 수직으로 내려다보는 시점입니다.
7 - World Coordination: 현재 월드를 기준 축으로 기즈모(게임의 오브젝트와 관련된 그래픽)를 사용합니다.
   - Local Coordination: 현재 기즈모를 Local 축으로 사용합니다. 클릭할 경우 World Coordination으로 변경됩니다.
8 Grid Snap: 기즈모 및 드래그로 객체를 이동시킬 때 Move, Rotate, Scale Size 값들을 변경할 수 있습니다.
9 오브젝트: 월드에 오브젝트를 생성할 수 있습니다. 오른쪽 점 세 개를 클릭하면 오브젝트의 형태(메쉬)를 변경할 수 있습니다.

2-31

10 머터리얼: 오브젝트의 재질을 변경할 수 있습니다.

2-32

⑪ 색상 선택: 오브젝트의 색상을 변경할 수 있습니다.

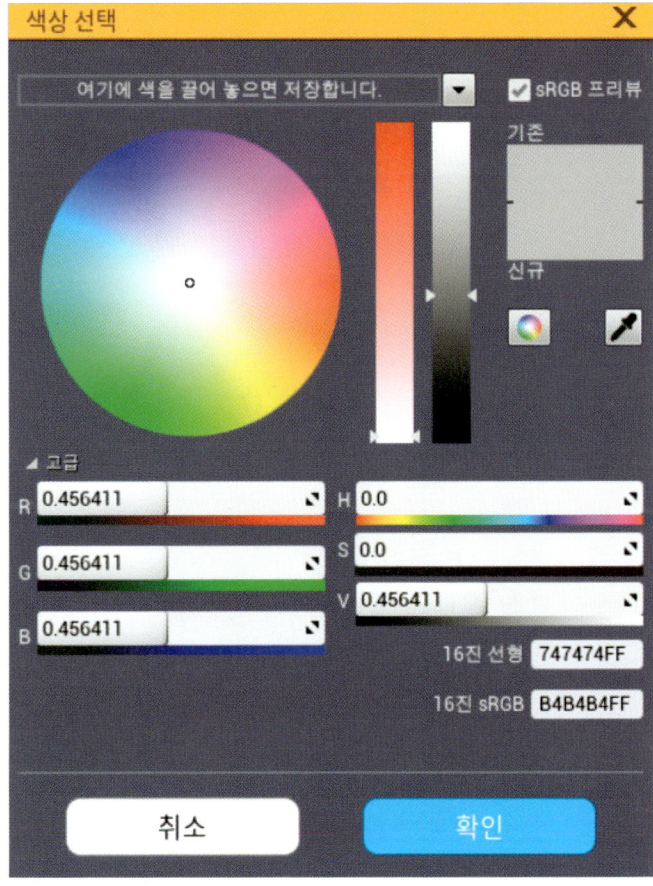

2-33

⑫ FX: 오브젝트에 다양한 효과를 추가할 수 있습니다. 오른쪽 점 세 개를 클릭하면 효과의 종류를 변경할 수 있습니다.

2-34

2-35

위 메뉴들은 각각 키보드의 1, 2, 3, 4를 단축키로 사용합니다.

(3) 월드트리

2-36

현재 맵에서 사용하고 있는 요소들을 모두 확인할 수 있습니다. 요소들이 위계별로 정리되어 있어 필요한 요소로 쉽게 이동할 수 있습니다. 스크립트를 작성해 기능을 추가할 수 있습니다.

(4) 프로퍼티

2-37

월드트리에서 선택하거나 맵에서 선택한 요소의 속성을 확인할 수 있습니다. 이름, 크기, 색상 등을 수정할 수 있습니다.

(5) 툴박스

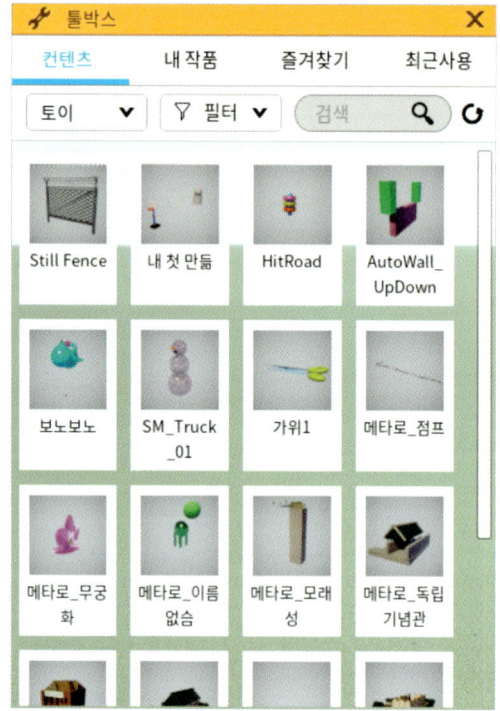

2-38

사용자가 업로드한 토이 및 메쉬 등을 모아 놓은 보관함입니다. '컨텐츠' 탭에서는 토이, 메쉬, 데칼을 카테고리별로 볼 수 있고 '내 작품' 탭에서 내가 만든 콘텐츠, '즐겨찾기' 탭에서 좋아요를 누른 콘텐츠, 그리고 '최근사용' 탭에서 최근에 사용한 콘텐츠를 확인할 수 있습니다.

(6) 태스크(Task) 바

2-39

스튜디오 하단에 위치한 메뉴로 위치 이동이 불가능합니다. 활성화된 기능은 버튼이 노란색으로 나타납니다.

1.5 모바일로 즐기는 메타버스

1 디토랜드 앱 설치하기

　디토랜드는 모바일에서도 접속할 수 있습니다. 게임을 할 수도 있고 아바타를 꾸밀 수도 있습니다. 또한 '디토랜드 플레이스'를 활용해 모바일로 쉽고 빠르게 메타버스를 만들어 볼 수도 있습니다.

설치 방법

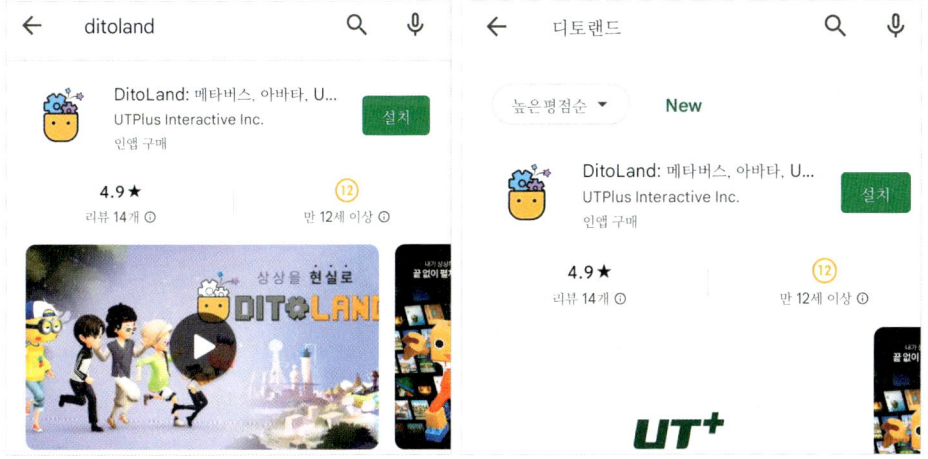

2-40

1 모바일 플레이 스토어에서 'Ditoland' 혹은 한글로 '디토랜드'를 검색합니다.

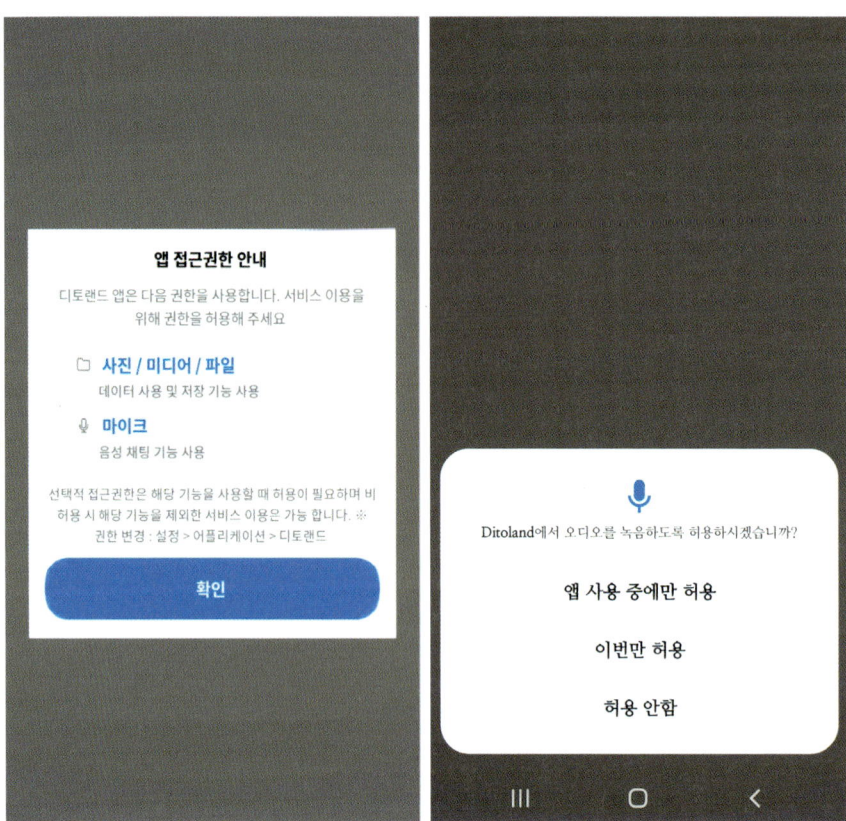

2-41

② 설치 버튼을 눌러 디토랜드 프로그램을 설치 후 실행합니다. 실행 후 앱의 접근 권한을 허용하고, 미디어 접근 및 오디오 녹음을 허용 설정합니다.

2 디토랜드 모바일 살펴보기

2-42

1 모바일 디토랜드에 로그인합니다. 회원가입 시 입력했던 디토랜드 ID로 로그인이 가능하며, 이후 설정에서 간편 로그인 계정을 연동하면 구글, 페이스북, 애플 계정으로 간편 로그인이 가능합니다.

2-43

2 로그인을 완료하면 다음과 같은 메인화면이 뜹니다.

메뉴설명

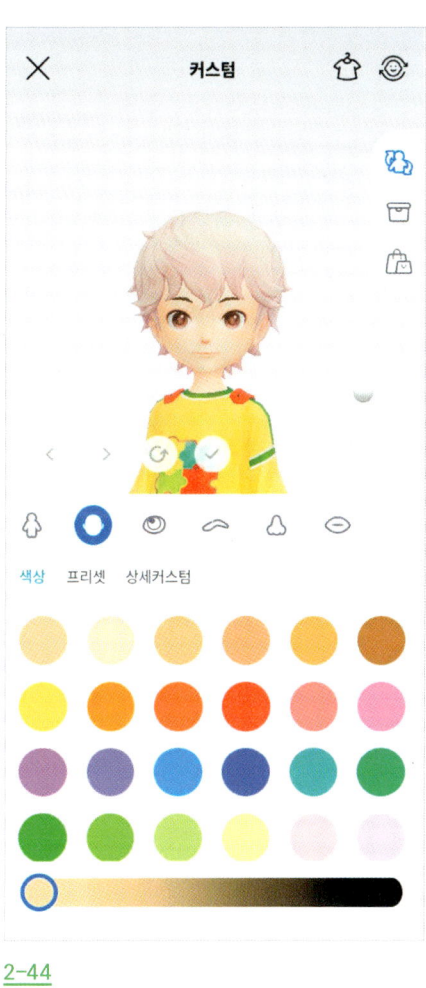

2-44

1 커스텀: 아바타의 체형과 얼굴형, 눈, 눈썹, 코, 입 등을 수정할 수 있습니다.

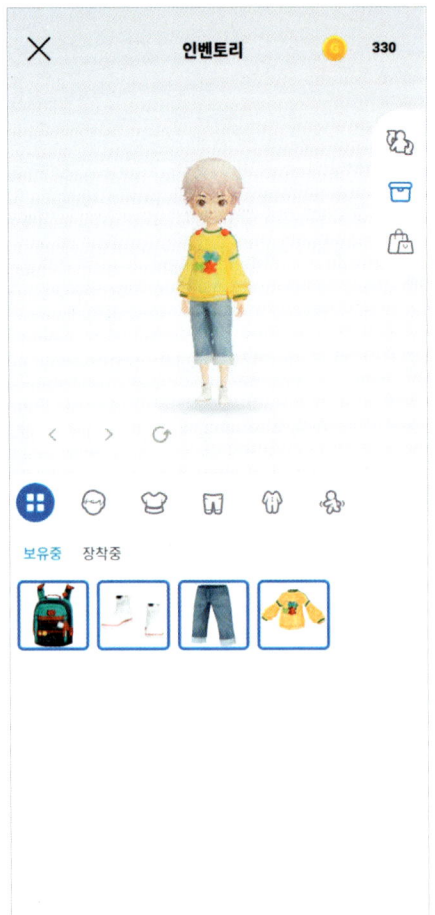

2-45

❷ 인벤토리: 현재 보유 중인 아이템을 확인하고 아이템을 장착할 수 있습니다.

2-46

③ 아이템 샵: 아이템을 구매할 수 있습니다.

2-47

4 홈 화면: 내가 참여한 월드, 인기 월드, 신규 월드를 확인하고 접속할 수 있습니다.

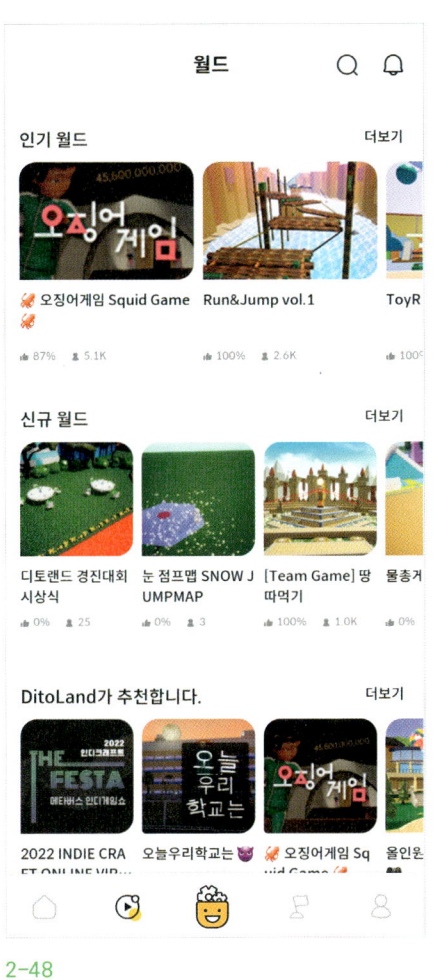

2-48

5 월드: 인기 월드, 신규 월드, DitoLand 추천 월드를 확인하고 접속할 수 있습니다.

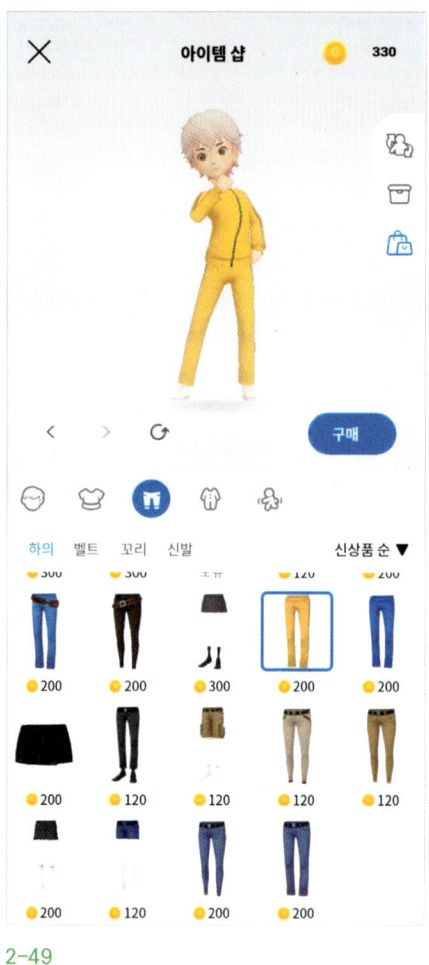

2-49

6 대시보드: 아바타를 꾸밀 수 있습니다. 커스텀, 인벤토리, 아이템 샵 메뉴를 이용할 수 있습니다.

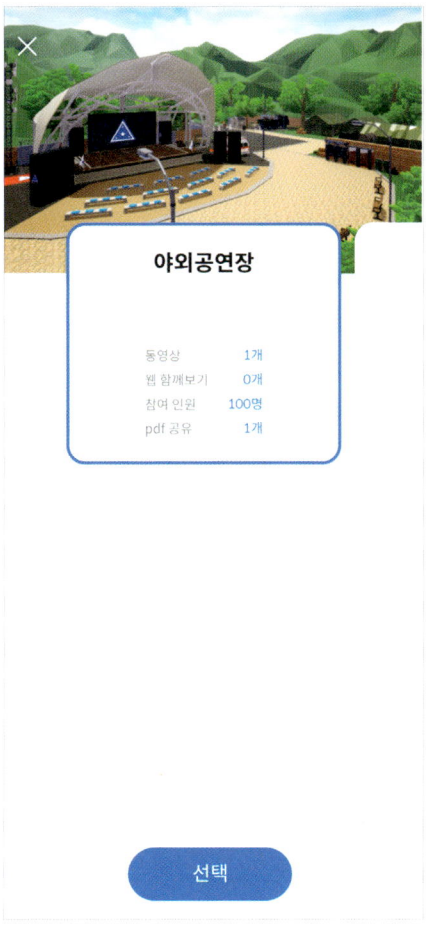

2-50

7 플레이스: 템플릿을 사용해서 메타버스 공간을 쉽고 빠르게 만들 수 있습니다.

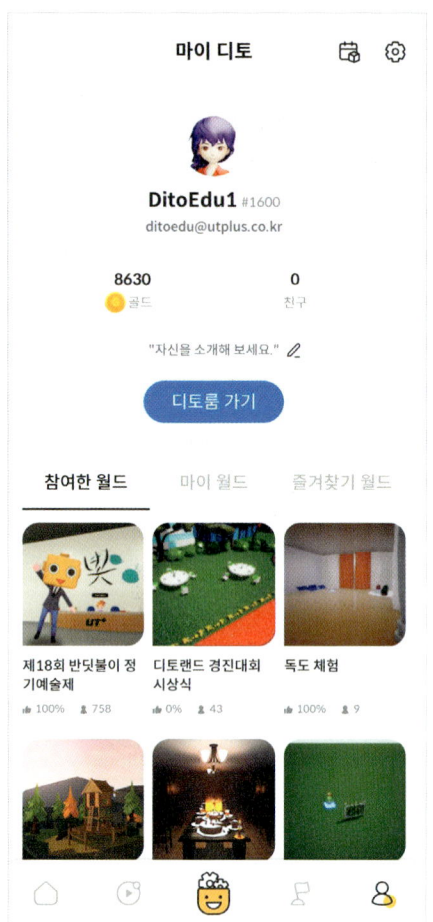

2-51

8 마이 디토: 내 정보와 월드에 참여한 기록을 확인할 수 있습니다. 앱 관련 설정이 가능합니다.

3 디토랜드 플레이스 활용하기

하단의 탭에서 네 번째 깃발 아이콘을 누르면 디토랜드 플레이스를 생성할 수 있습니다. 플레이스에서는 유튜브 영상을 가져와서 재생할 수 있고, PDF 문서를 공유할 수도 있습니다. 내가 만든 플레이스에 친구들을 초대해서 함께 소통하는 시간을 가져 보세요.

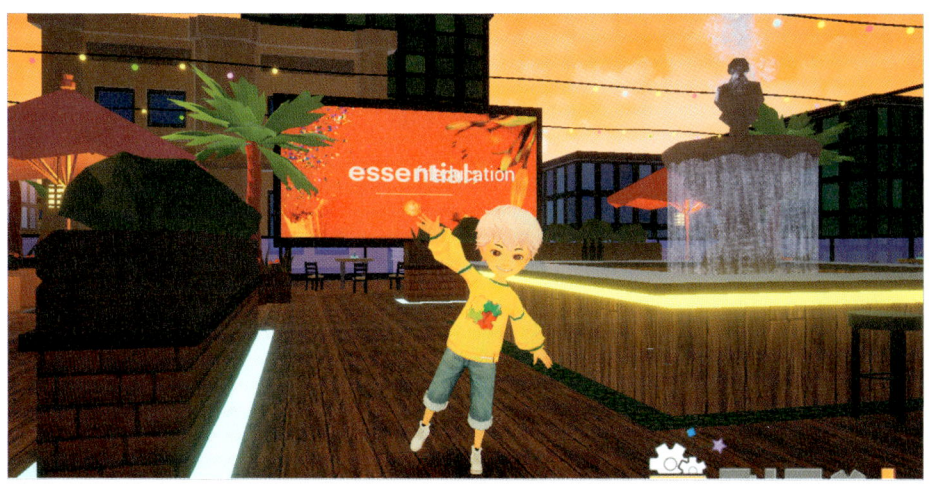

2-52 루프탑라운지에서 찍은 사진

디토랜드 플레이스에서 제공하고 있는 템플릿으로는 야외공연장, 실내강연장, 카페테리아, 두근두근캠핑장, 컨퍼런스룸, 홈파티, 루프탑라운지, 추억의해돋이열차가 있습니다. 각 플레이스에 대한 자세한 내용은 다음 표와 이미지에서 확인할 수 있습니다.

플레이스	특징	기능
야외공연장	대형 스크린이 있는 야외 공연 공간	동영상 URL 공유, pdf 문서 공유, 음성 채팅
실내강연장	다양한 형태의 자료를 공유하며 강연을 할 수 있는 공간	
카페테리아	다양한 형태의 자료를 공유하며 미팅을 할 수 있는 카페 공간	
두근두근캠핑장	모닥불 앞에서 분위기 있는 영화를 함께 볼 수 있는 캠핑장	

플레이스	특징	기능
컨퍼런스룸	다양한 형태의 자료를 가지고 발표하며 특정 주제로 회의할 수 있는 홀	동영상 URL 공유, pdf 문서 공유, 음성 채팅
홈파티	모임을 가지는 다이닝 룸과, 스크린을 보며 즐길 수 있는 거실	
루프탑라운지	경치를 즐기며 쉴 수 있는 루프탑 공간	
추억의해돋이열차	해돋이를 보고 모래사장에 다짐 글을 쓰며 폭죽도 날리는 정동진역 앞	음성 채팅, 해돋이 연출, 모래사장에 글씨 쓰기, 폭죽 날리기

표 2-4 디토랜드 플레이스 종류와 특징 및 기능

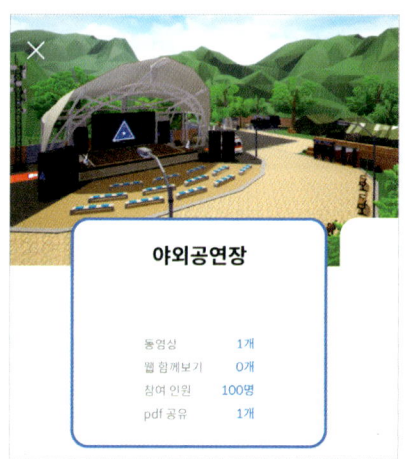

2-53

- 야외에서 콘서트 열기
- 강연하기

실내강연장

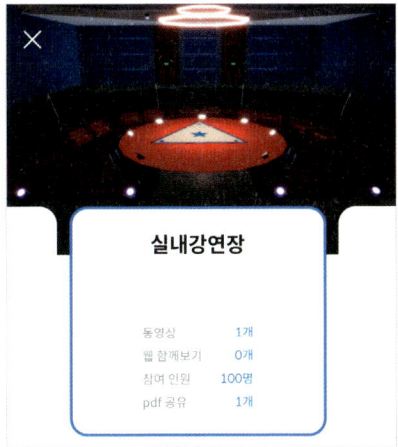

2-54

- 특정 주제에 대해 회의하기
- 회의 자료 발표하기

카페테리아

2-55

- 미팅하기
- 영상 자료 함께 공유하기

두근두근캠핑장

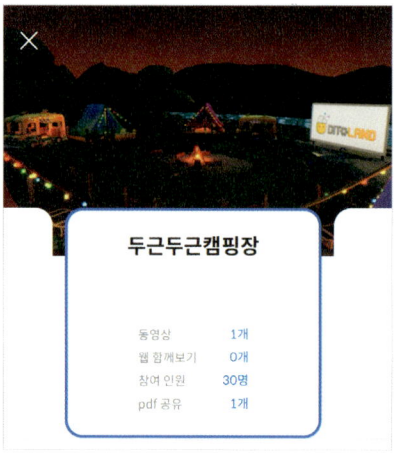

2-56

- 야외 캠핑하기
- 분위기 있는 영화보기

컨퍼런스룸

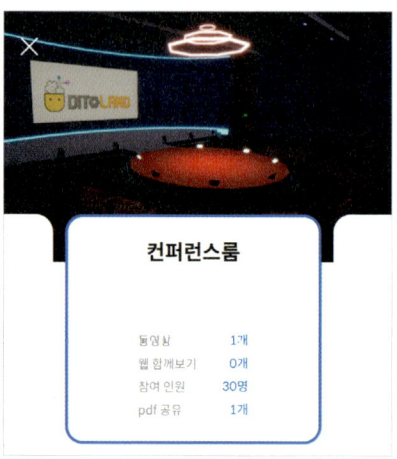

2-57

- 연사 초청하여 강연하기
- 영상으로 정보 전달하기

홈파티

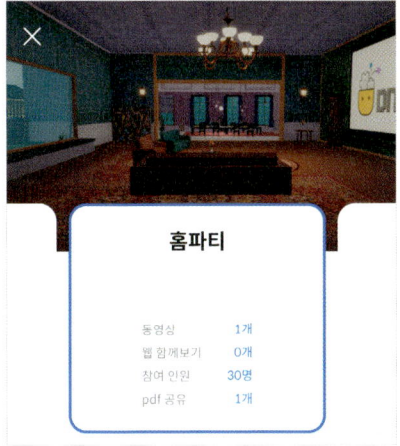

2-58

- 다이닝룸에서 만찬 즐기기
- 거실에서 스크린 함께 보기

루프탑라운지

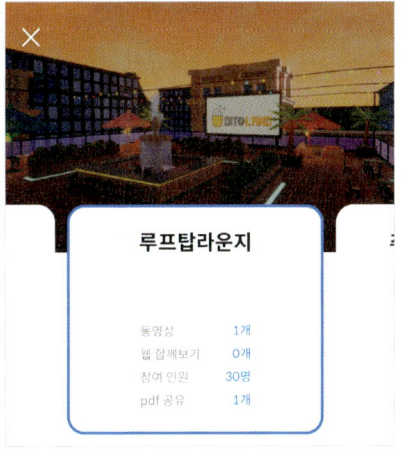

2-59

- 라운지에서 휴식하며 음료 즐기기
- 루프탑에서 경치 즐기기

추억의해돋이열차

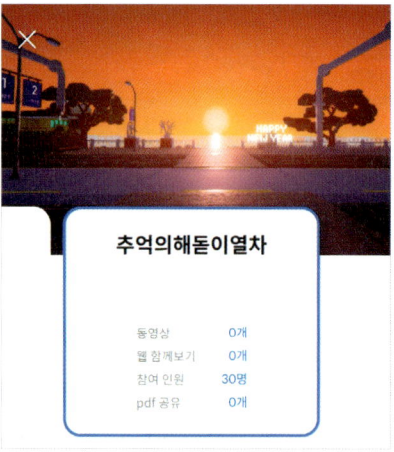

2-60

- 해돋이 보며 새해 다짐하기
- 모래사장에 글씨 쓰기, 폭죽 날리기

실습 디토랜드 플레이스로 실내 강연장 만들기

어떤 템플릿이 있는지 알아보았으니 이제 디토랜드 플레이스를 활용해 나만의 메타버스를 만들어 볼까요?

2-61

설명

디토랜드 플레이스를 생성합니다.

순서

1. 모바일로 디토랜드 앱에 접속합니다.
2. 메인화면 하단 네 번째 깃발 모양 아이콘을 누르면 디토랜드 플레이스를 만드는 화면으로 넘어갑니다.

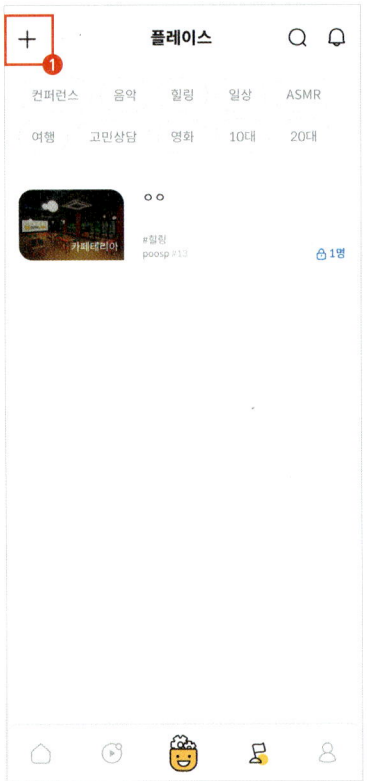

2-62

> 설명

디토랜드 플레이스를 생성합니다.

> 순서

1 플레이스 왼쪽 상단의 + 버튼을 누릅니다.

2-63

> 설명

디토랜드 플레이스 템플릿 중 '실내강연장'을 생성합니다.

> 순서

1. 여러 템플릿 중 실내강연장 아래의 '선택' 버튼을 누릅니다.
2. 플레이스 이름, 플레이스 소개를 적고 관심태그를 선택한 후 공개 설정을 합니다.
3. 설정을 완료한 후 '만들기' 버튼을 누릅니다.

2-64

설명

디토랜드 플레이스 템플릿 중 '실내강연장'을 생성합니다.

순서

1. 왼쪽 상단에서 환경설정, 채팅, 모션 변경, 스크린 숏 찍기, 음소거, 플레이스 정보 기능을 사용할 수 있습니다.
2. 오른쪽 상단에서 보이스채팅과 유튜브 영상 업로드, 의상 변경, PDF 파일을 화면에 띄울 수 있습니다.
3. 오른쪽 상단 'Viewer' 아이콘을 클릭하면 업로드한 영상 또는 PDF 파일을 전체 화면으로 볼 수 있습니다.

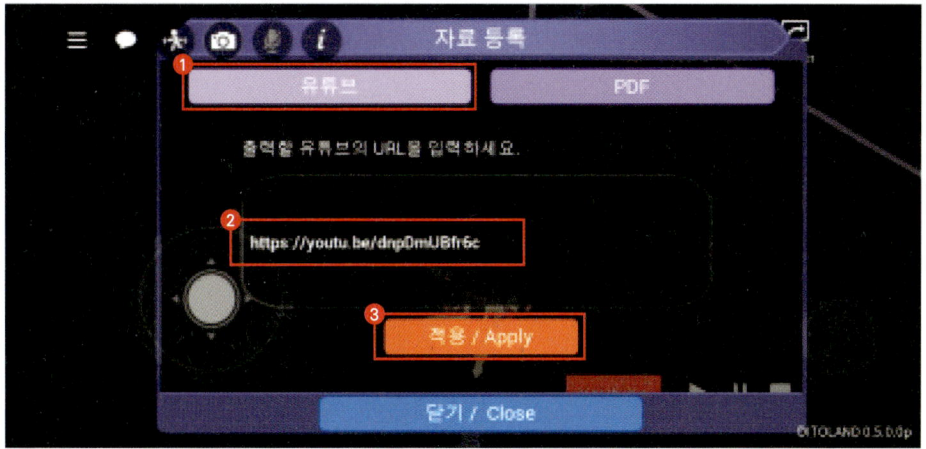

2-65

설명

강연장 스크린에 유튜브 영상을 띄웁니다.

순서

1 '유튜브' 버튼을 누릅니다.

2 유튜브 영상 URL을 복사합니다.

3 복사한 URL을 붙여넣기한 후 '적용'을 누릅니다.

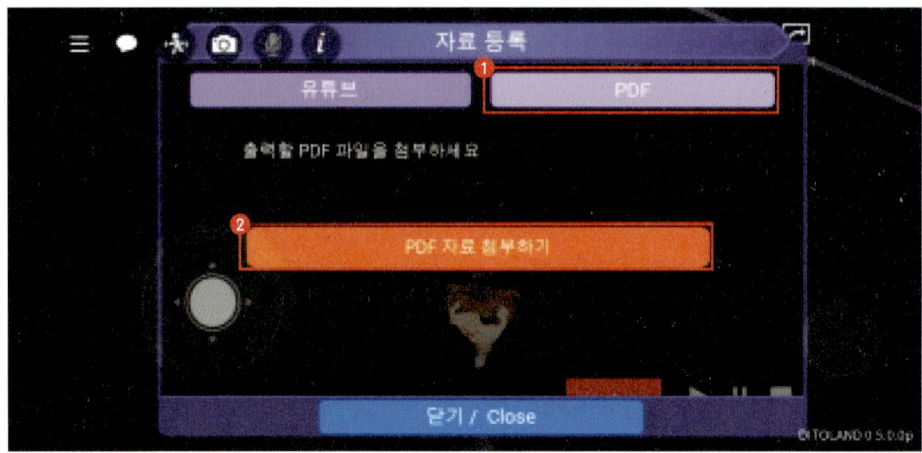

2-66

설명

강연장 스크린에 PDF 파일을 공유합니다.

순서

1 PDF 버튼을 누릅니다.
2 'PDF 자료 첨부하기' 버튼을 누릅니다.
3 공유할 자료를 선택합니다.

* 업로드한 화면은 다음 이미지처럼 화면에 나타납니다.

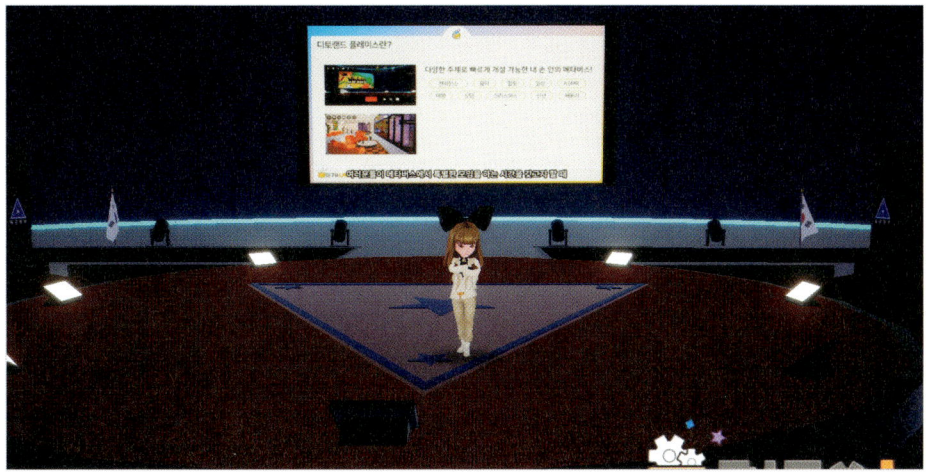

2-67

디토랜드 플레이스 생성 방법을 QR코드를 통해 유튜브 영상으로 확인하실 수 있습니다.

2-68 쉽고 빠르게 스마트폰으로 메타버스 만들기!
https://youtu.be/dnpDmUBfr6c

2. 메타버스와 3D 모델링

2.1 3D 모델링(modeling)이란?

3D 모델링이란 컴퓨터 그래픽 기술을 이용해 3차원 가상 세계에 물체나 환경을 만드는 것을 말합니다. 3D 모델링을 이해하기 위해서는 3D, 즉 3차원에 대해서 먼저 이해할 필요가 있습니다. 3D에서 D는 차원의 영어 표현인 Dimension의 약자입니다. 3차원은 쉽게 '입체'라고 표현할 수도 있는데, 정확히 말하면 차원은 수학적 표현으로 '공간이나 공간 내의 물체를 수학적으로 수치화'한 것입니다. 그래서 공간적 위치를 말하는 데에 필요한 축의 개수에 따라 2차원(2D), 3차원(3D)이라고 불리는 것입니다.

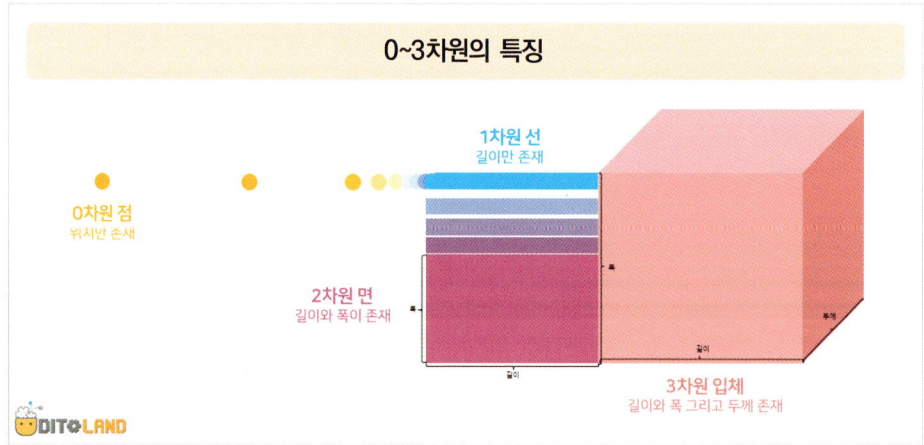

2-69

그렇다면 축은 무엇일까요? 축은 선으로 표현된 요소로, 물체가 위치하는 곳을 표시하기 위해 사용됩니다. 이 선은 여러 방향이 될 수 있지만, 한 번에 한 가지 정보만 표현할 수 있습니다. 거리를 의미하는 선이라면 그 선 위의 물체가 어디에 자리 잡고 있는지를 보여 줄 수 있고, 시간이라면 선의 위치에 따라 몇 시인지 표현할 수 있습니다. 선 1개는 1개의 축, 즉 1차원을 의미합니다. 그렇다면 2차원, 3차원의 축의 수도 예상해 볼 수 있을 겁니다. 2차원은 두 방향의 축[31]을 가지는 차원으로 가로와 세로를 가진 면으로 표현할 수 있고, 3차원은 3개의 축으로 가로, 세로, 높이(길이, 폭, 두께)[32]를 가진 입체가 됩니다. 여기서 축이 추가되면 이론적으로 설명할 수 있는 4차원 이상의 높은 차원들이 만들어질 수도 있습니다.

우리는 여러 가지 프로그램을 통해 2차원 화면에 3D 컴퓨터 그래픽을 이용해 시각적으로 3차원 공간과 물체를 느낄 수 있도록 만들어진 가상 환경을 구성할 수 있습니다. 아래 그림은 메타버스 플랫폼 디토랜드의 TPS Battle 월드입니다. 벽에 있는 가로, 세로 선인 격자(grid) 모양을 보면 이 선들이 세 방향으로 뻗어 있는 것을 발견할 수 있습니다. 방향이 3개인 이곳은 당연히 3차원 공간입니다. 3차원 공간 안의 오브젝트들은 대부분 3차원으로 이루어져 있습니다.

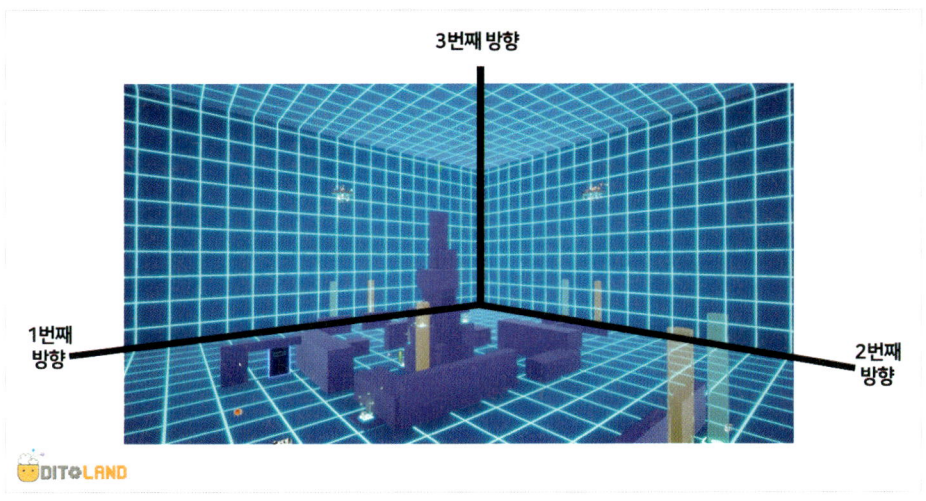

2-70 디토랜드의 TPS Battle 월드

---

31 2차원의 축은 x, y로 표시한다.
32 3차원의 축은 x, y, z로 표시한다.

이처럼 3D 모델링은 3차원 공간에 3차원의 물체를 만들기 위해서 거치는 과정입니다. 조금 더 자세히 말하면 컴퓨터 프로그램을 사용하여 가상 공간 안에 3차원 모델을 만들어 내는 것을 말합니다. 영화나 애니메이션, 게임과 같은 영상 작업에 3D 모델링이 주로 사용되고 있고, 실제 제품이 출시되기 전에 제품을 미리 컴퓨터로 제작해 보는 데 사용되기도 합니다. 자동차나 TV, 스마트폰을 제작하는 장면을 떠올려 봅시다.

3D 모델링은 우리가 머릿속에서 상상하는 형태를 컴퓨터를 이용해 화면에 생생하게 나타내 주는 '시각화'를 도와줍니다. 3D 모델링도 종류와 방식에 따라서 이미지 구현과 그래픽 처리 속도에 차이를 보입니다. 각각의 장단점이 있으니 구현하고자 하는 것의 특성에 맞게 종류와 방식을 선택해서 진행합니다.

3D 모델링 방식

솔리드(Solid)
질량과 함께 물체를 표현하는 방식
물체의 내부정보를 처리할 수 있지만
데이터를 많이 차지함

서피스(Surface)
면을 이용해 물체를 표현하는 방식
표면만 존재하므로 용량이 적고
그래픽 처리가 빠름

2-71

3D 모델의 종류

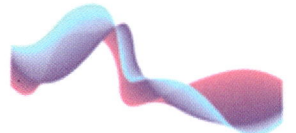

넙스(NURBS)
수학적 계산으로 만들어진 곡선 이용
자유로운 곡선 구현 가능하여
제품 및 산업 디자인에 응용

폴리곤(Polygon)
삼각형을 최소 단위로 한 다각형 이용
쉽고 직관적이며 용량이 적고
처리가 빠름

2-72

 예를 들어, 디토랜드에서 사용하는 메쉬는 바깥쪽을 바라보는 면들로 구성되어 있습니다. 디토랜드 스튜디오는 다면체를 이용한 3차원 면인 메쉬, 그리고 색상, 머터리얼, 데칼을 이용해 바로 텍스처를 만들 수 있도록 모델링 절차를 간단히 했습니다. 이 내용은 실습을 통해 이해해 보도록 합시다.

 3D 모델링은 프로그램에 따라서도 모델링 스타일에 차이를 보입니다. 건축도면과 같은 3차원 설계방식도 있고 손으로 흙을 빚을 때와 비슷한 스타일로 덩어리를 붙이고 파내는 방식도 있습니다. 그렇게 만들어진 3D 모델의 형상 위에 색이나 질감을 입히기 위해 텍스처(texture)도 만들고, 마지막으로 이렇게 만들어진 3D 모델과 환경에 적절한 조명과 카메라 위치 등을 설정하여 이미지나 영상으로 해당 씬(Scene)을 추출하게 됩니다. 정리하자면, 3차원 설계는 건축적인 스타일의 모델링, 또는 흙을 빚는 것과 유사한 스컬프팅(sculpting) 스타일의 방식이 있습니다. 그리고 이 방식을 통해 만들어진 3D 형태 위에 색이나 질감을 입히는 것을 텍스처 매핑(texture mapping)이라고 하고, 완성된 3D 모델에 빛, 각도, 애니메이션 등을 추가해 환경 전체나 오브젝트를 이미지나 영상으로 추출하는 것을 렌더링(rendering)이라고 합니다.

 3D 모델링에 사용되는 소프트웨어도 다양하게 존재합니다. 마우스처럼 손으로 만져지는 물리적 재료 중 컴퓨터에 명령을 입력하는 기기도 다양하며, 컴퓨터에 연

결하여 도화지처럼 쓸 수 있는 그래픽 태블릿(Graphic Tablet)[33]이나 터치펜이 있습니다. 이외에도 3D 스캐닝 기술이 나날이 발전 중이어서, 현실에 있는 사물을 3D 스캐너, 혹은 사진을 데이터 셋으로 만든 3D 모델도 점점 더 정교하게 구현가 능해지고 있습니다.

3D 프린딩 산업이 짐짐 더 떠오르면서 제조입, 의학, 바이오, 건축, 공학 등 훨씬 더 넓은 분야에서 이 기술은 활용되고, 사용될 전망입니다. 최근에는 사람들이 온라인에서 보내는 시간이 늘어나면서 3D 모델링의 활용범위가 더욱 커지고 있습니다. 특히 메타버스가 미래 기술로 주목받으면서 가상 세계 안에 또 다른 세계를 만들어 낼 수 있는 3D 모델링이 더욱 주목받고 있습니다.

2-73

디토랜드 스튜디오는 3D 모델링과 그 외에 메타버스 콘텐츠 개발을 위해 필요한 기능들이 들어가 있는 다목적 프로그램입니다. 디토랜드 스튜디오는 이러한 복잡한 절차를 최소화해서 누구든 쉽게 모델링을 하여 메타버스 콘텐츠를 만들 수 있도록 도와줍니다.

33 입력장치 중 하나로 마우스 패드처럼 생긴 물체 위에서 전용 펜으로 조작하는 기계. 태블릿 컴퓨터(Tablet Coumput)가 보편화되기 전부터 사용된 용어로 단순히 타블렛(tablet)이라고 부르기도 하며, 디지타이저(Digitizer)라는 명칭을 사용하기도 한다.

2-74 디토랜드를 활용한 모델링 과정 예시

　디토랜드의 3D 모델링 과정을 보면, 다양한 기본 오브젝트를 조합해 형태를 만들고 색상, 머터리얼, 데칼을 선택하여 쉽게 텍스처도 넣을 수 있습니다. 디토랜드 스튜디오를 이용하면 누구든 쉽게 3D 모델링과 메타버스 콘텐츠 제작 그리고 퍼블리싱까지 간편하게 할 수 있습니다.

2.2 메타버스 랜드의 필수요소 '토이'

1 토이란?

　앞서 간단한 디토랜드 스튜디오의 조작법을 익혔을 겁니다. 지금부터는 월드에 들어가는 중요한 구성 요소 중 하나인 '토이(Toy)'에 대해 알아보겠습니다. 여러분이 디토랜드에서 체험해 본 월드에 나타나는 물체들은 대부분 토이라고 볼 수 있습니다. 토이는 간단히 말해 오브젝트와 오브젝트를 조합한 것입니다. 툴박스의 토이 탭에 개발자 또는 사용자가 업로드한 객체로, 단순한 오브젝트와 오브젝트의 조합으로 만들어지기도 하지만 메쉬(Mesh), 스크립트(Script), 아이템(Item), 콜라이더(Collider), UI 등 다양한 객체로 구성됩니다. 디토랜드 월드 'ToyRoom(이하

토이룸)'에는 디토랜드의 개발자들이 만든 대표적인 토이들이 전시되어 있습니다. 토이룸은 다양한 토이별 기능을 살펴보고 사용자가 메타버스를 만들 때 편하게 툴박스에서 꺼내 사용할 수 있도록 구성해 놓았습니다. 물론 사용자가 직접 만든 다양한 오브젝트들도 다른 사용자가 사용할 수 있도록 툴박스에 업로드하여 활용할 수 있습니다.

2-75 툴박스에 업로드된 토이

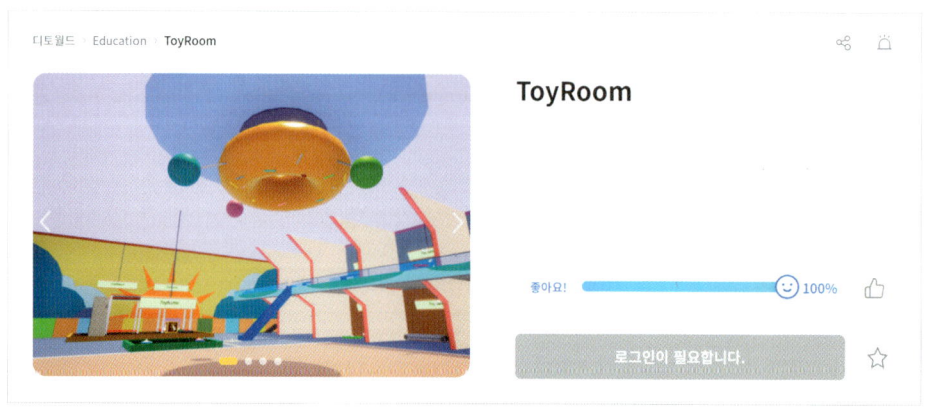

2-76 디토랜드 ToyRoom

2 오브젝트, 메쉬, 데칼 알아보기

2-77 메쉬 예시

오브젝트는 랜드 위에 생성되는 물체를 말합니다. 직육면체가 될 수도 있고, 원, 뿔 등 다양한 모양의 물체를 오브젝트라고 부릅니다. 오브젝트 위에는 메쉬, 데칼(Decal)과 같은 요소를 추가하여 모양을 변경하거나 색상, 재질 등을 바꿀 수도 있습니다.

메쉬는 3D 오브젝트의 외형 껍데기를 이루는 3차원의 데이터입니다. 이 메쉬에 다양한 텍스처나 데칼을 입혀 다양한 효과가 더해진 오브젝트로 활용할 수 있습니다.

데칼은 평면에 붙여지는 스티커 또는 이미지로 물, 유리, 얼음 재질에는 입힐 수 없습니다. 아래 이미지는 큐브 모양의 오브젝트에 플라스틱 머터리얼을 선택한 후 그 위에 데칼을 입힌 토이입니다.

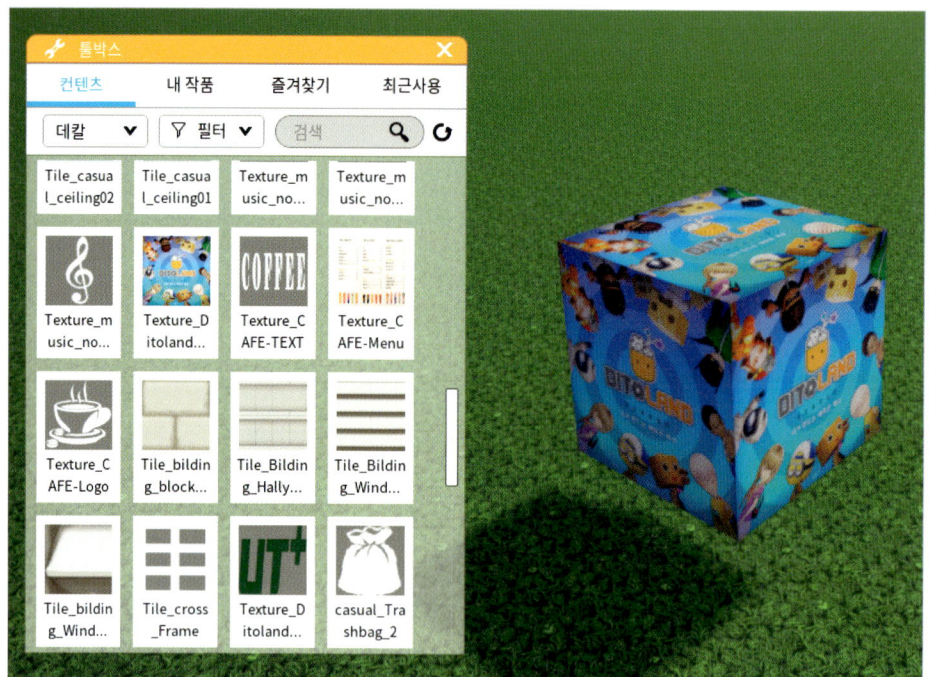

2-78 데칼 예시

2-79 이펙트 예시

그리고 오브젝트에 입히는 효과를 FX라고 부르는데, FX를 적용해 불꽃이나 연기와 같은 효과도 넣을 수 있습니다. 니토랜드에 '이펙트 샘플' 월드에 접속하면 다양한 효과 예시를 확인할 수 있습니다. 효과를 잘 사용하면 더 실감 나는 메타버스 환경을 구성하는 데 도움이 됩니다.

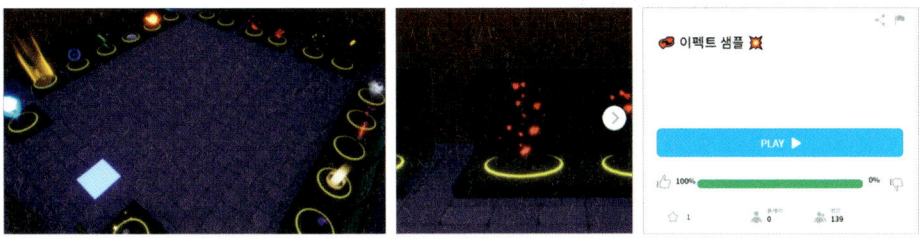

2-80 이펙트 샘플 월드

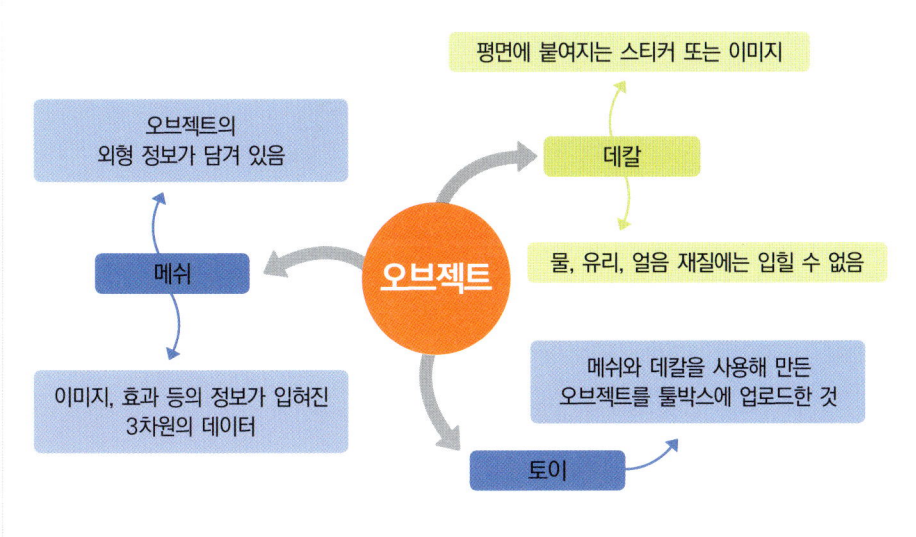

2-81 오브젝트, 메쉬, 데칼, 토이의 관계도

    이처럼 디토랜드 스튜디오에서 오브젝트를 만들고 업로드하는 과정은 메타버스에서 활동하는 사용자가 단순한 소비자에서 주체적인 생산자의 역할이 가능하도록 돕습니다. 앞으로 오브젝트뿐만 아니라 아바타 의상을 직접 만들고 외부 프로그램에서 생성한 메쉬를 가져올 수 있도록 연동하는 등 디토랜드에서 생산자로서의 역할이 더욱 다양해질 것이라 기대됩니다.

실습 벽돌 토이 만들기

2-82

디토랜드의 게임 요소인 캐릭터, 토이 등은 3D 모델링의 결과물이기도 합니다. 디토랜드 스튜디오에서 3D 모델링에 도전해 볼 수 있습니다. 가장 쉬운 벽돌 토이 만들기부터 시작해 보겠습니다.

2-83

> 설명

색상과 재질을 선택 후 오브젝트를 생성합니다.

> 순서

1. 툴바의 컬러 픽커에서 벽돌 색상에 가까운 갈색을 고릅니다.
2. 원형 팔레트에서 컬러를 선택하거나 색상 입력값을 넣는 칸에 값을 입력합니다.

* 색상값: 16진 선형 – A1652FFF, 16진 sRGB – D0A977FF

2-84

> 설명

색상과 재질을 선택 후 오브젝트를 생성합니다.

> 순서

1. 머터리얼에서 벽돌을 선택합니다.

2-85

> **설명**

색상과 재질을 선택 후 오브젝트를 생성합니다.

> **순서**

1 오브젝트 아이콘을 클릭하면 원기둥 모양의 토이가 만들어집니다.
2 다른 오브젝트 모양은 오브젝트 아이콘 옆 점 3개 버튼을 클릭하면 선택할 수 있습니다.

3 나만의 오브젝트 만들기

 메타버스 콘텐츠를 만들 때에 필요한 것들은 다양하지만, 주목받는 콘텐츠를 만들기 위해서는 콘셉트에 어울리는 개성 있는 스타일의 토이가 필수입니다. 내가 직접 디자인한 토이를 추가하면 유저들의 시선을 끌 만한 요소로 작용할 수 있습니다. 메타버스 하면 빼놓을 수 없는 3D 모델링 과정을 단순화하여 쉽게 형태를 만들고 머터리얼을 수정하여 특성 있는 나만의 토이를 만들어 봅시다.

* 디토랜드 스튜디오에서 3D 모델링을 하는 과정을 살펴보고 싶다면 디토랜드 유튜브 채널에서 확인할 수 있습니다.

2-86

2-87 디토랜드에 정의의 여신상이 있는 법원을 만들어 봐요!
https://youtu.be/MdXs2AK3784

실습 기본 오브젝트 디자인하기

　디토랜드 스튜디오에 있는 기본 오브젝트와 22가지의 머터리얼 그리고 다양한 색을 조합하면 내가 원하는 오브젝트를 만들 수 있습니다. 오브젝트 수정 툴인 스케일과 회전을 이용하면 디테일한 묘사까지 할 수 있습니다. 버섯 모양을 함께 만들어 볼까요?

1 버섯 대 만들기

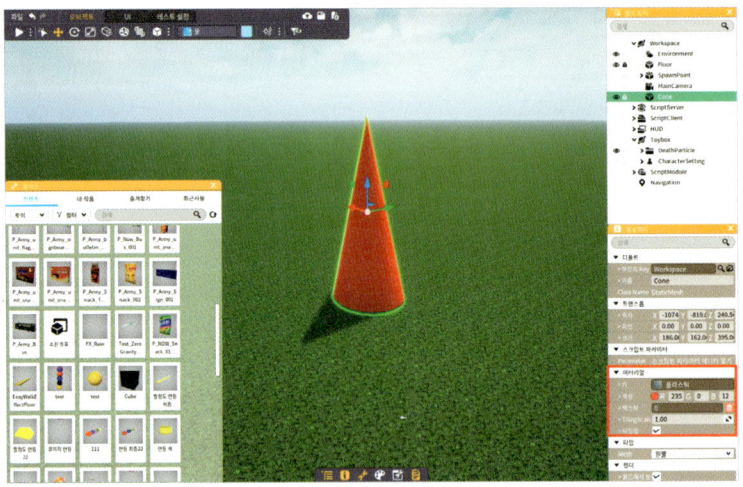

2-88

설명
원뿔 오브젝트로 버섯 대를 만들어 줍니다.

순서
1 원뿔 오브젝트를 생성합니다.
2 원하는 색과 머터리얼을 지정합니다.

❷ 버섯 갓 모양 만들기

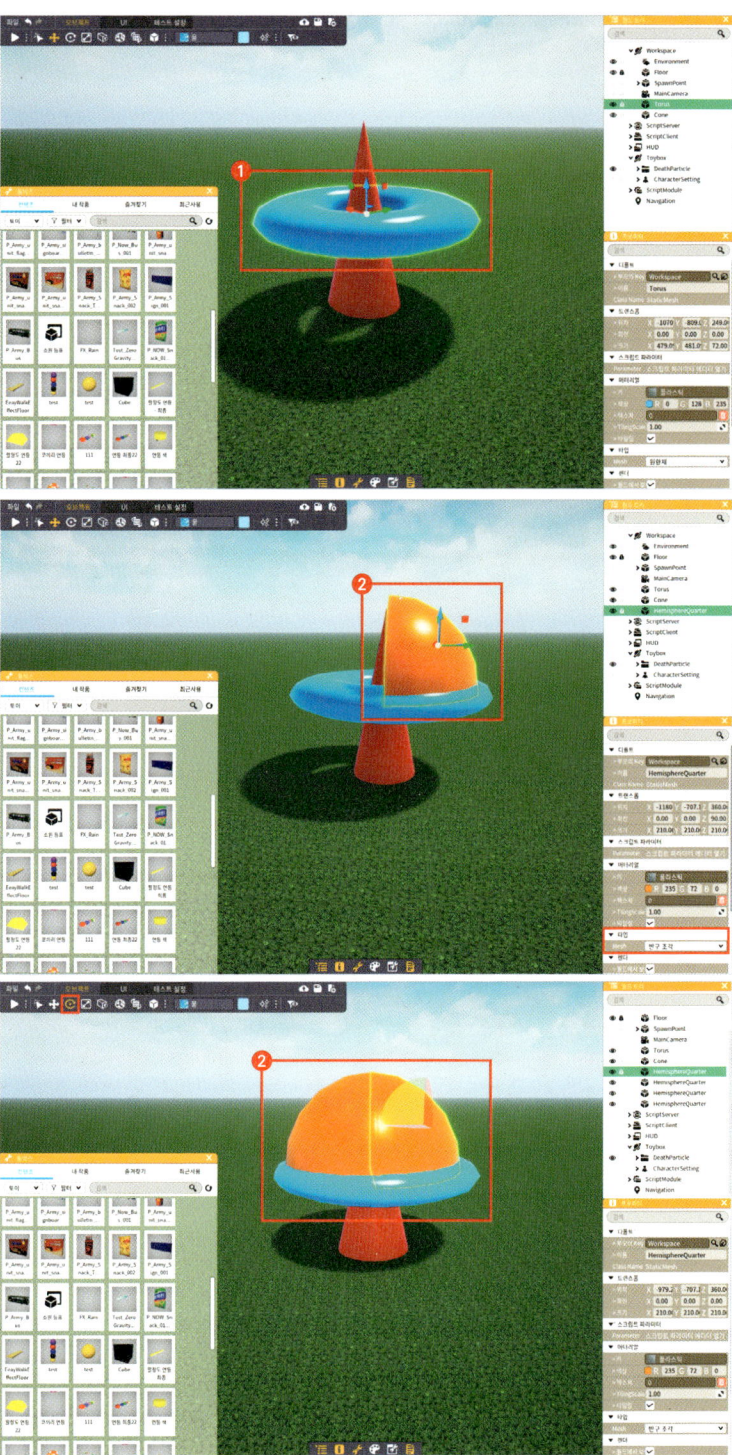

2-89

설명

원환체(도넛 모양) 오브젝트와 반구 조각 오브젝트를 사용해 버섯의 갓 모양을 만듭니다.

순서

1. 원환체(도넛 모양) 오브젝트를 생성해 원뿔 오브젝트 위에 배치합니다.
2. 반구 조각 4개를 생성하고 회전시켜 반구 모양을 만들어 줍니다.

❸ 버섯의 갓 무늬 표현하기

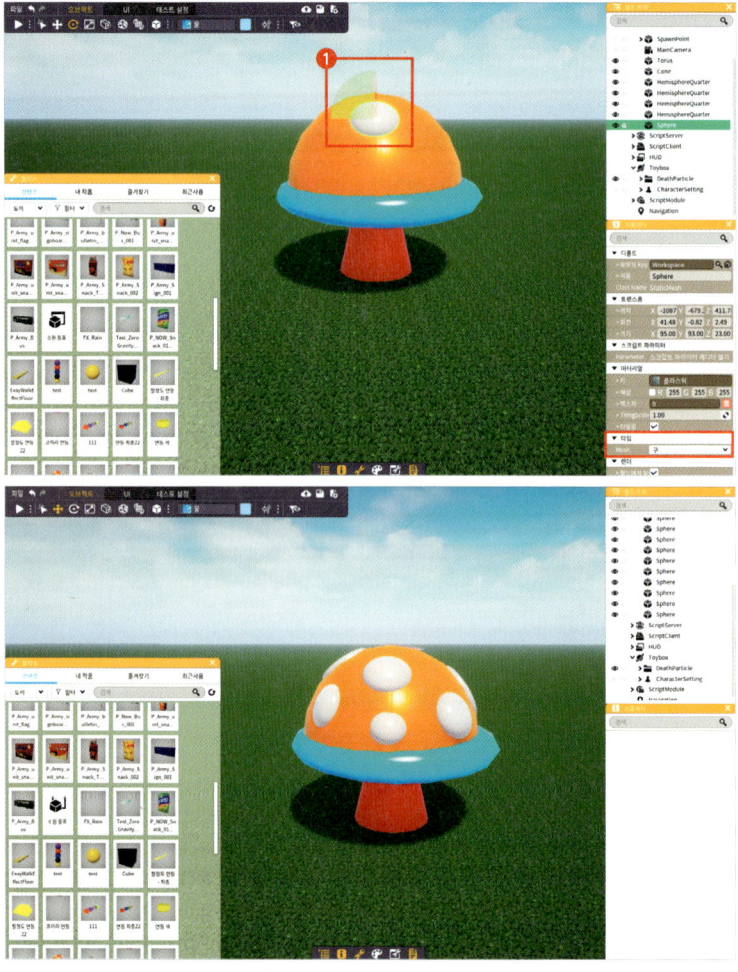

2-90

설명

구 오브젝트를 이용해 버섯의 갓 무늬를 표현합니다.

순서

1. 구 오브젝트를 생성합니다.
2. 위치, 회전 및 속성을 수정하여 버섯 갓 표면의 동그란 무늬들을 표현해 줍니다.

실습 동물 캐릭터인형 디자인하기

산난한 오브젝트부터 복잡한 형태까지 디토랜드 스튜디오에서 만들 수 있는 것이 정말 무궁무진합니다. 이번엔 귀여운 캐릭터 인형을 함께 만들어 볼까요?

1 인형 머리 만들기

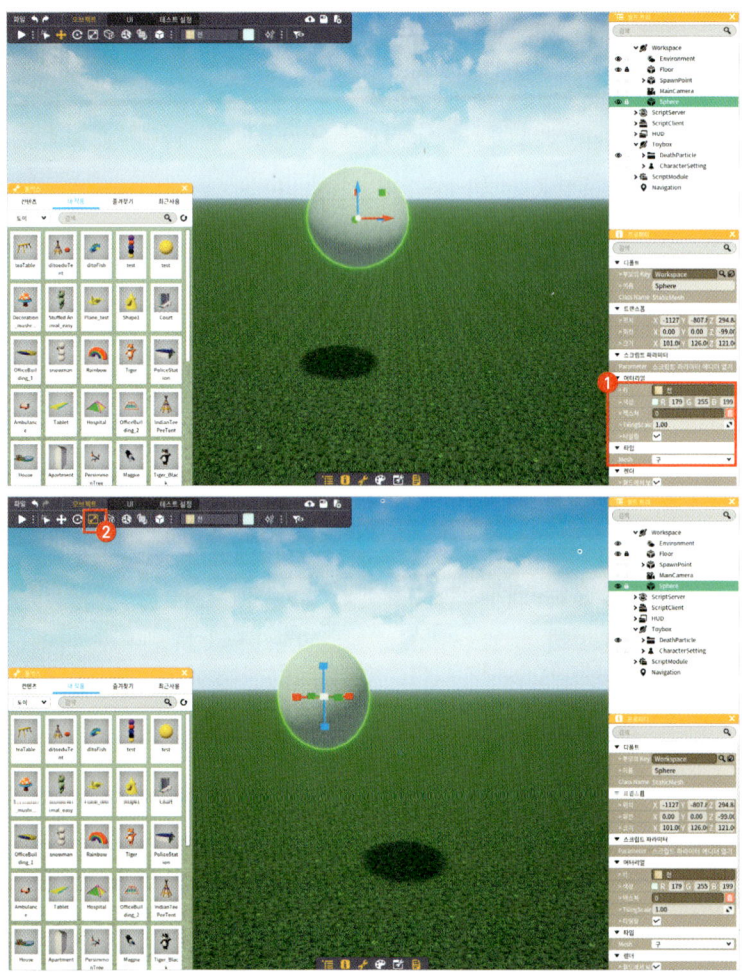

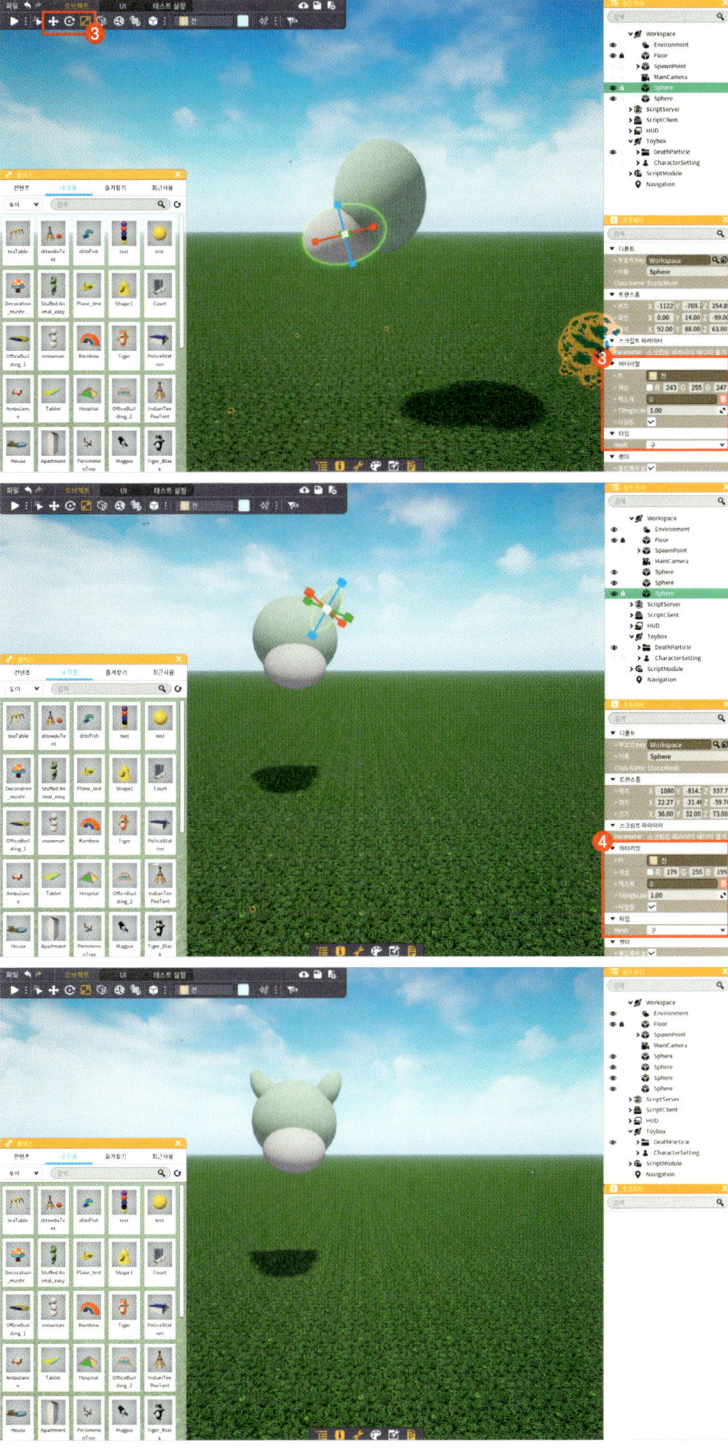

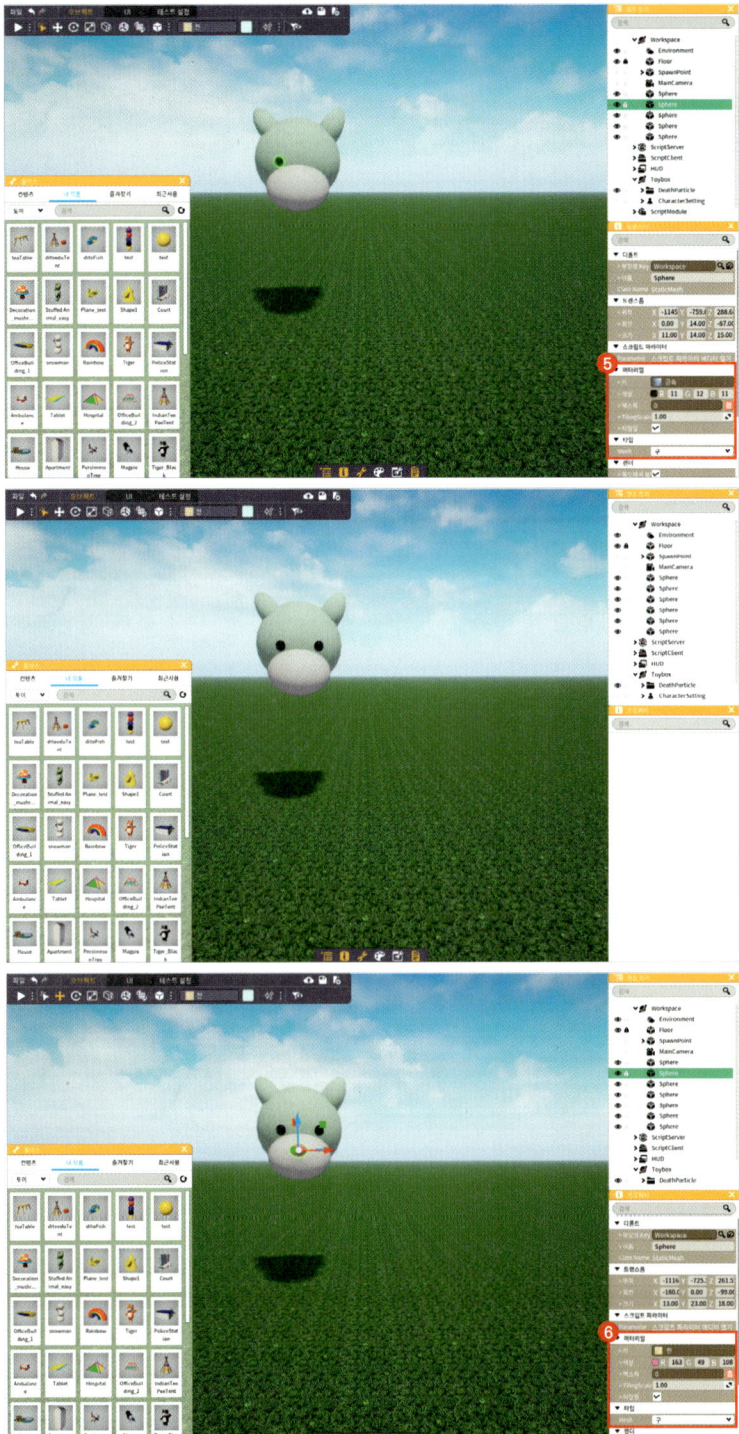

2-91

> 설명

구 오브젝트와 천 머터리얼 등을 사용해 인형을 얼굴을 만듭니다.

> 순서

1. 원하는 색을 지정하고 천 머터리얼의 구 오브젝트를 생성합니다.
2. 스케일 툴을 사용해 조금 납작하게 만들어 줍니다.
3. 다른 색의 구 오브젝트를 생성하고 크기와 각도를 조절해 주둥이를 만듭니다.
4. 처음 만든 구 오브젝트와 같은 색과 머터리얼의 구 오브젝트 2개로 귀를 만들어 줍니다.
5. 검은색 플라스틱 머터리얼의 구 오브젝트 2개로 눈을 만들어 줍니다.
6. 또 다른 색의 천 머터리얼 구 오브젝트를 이용해 코를 추가해 주세요.

2 인형 몸통 만들기

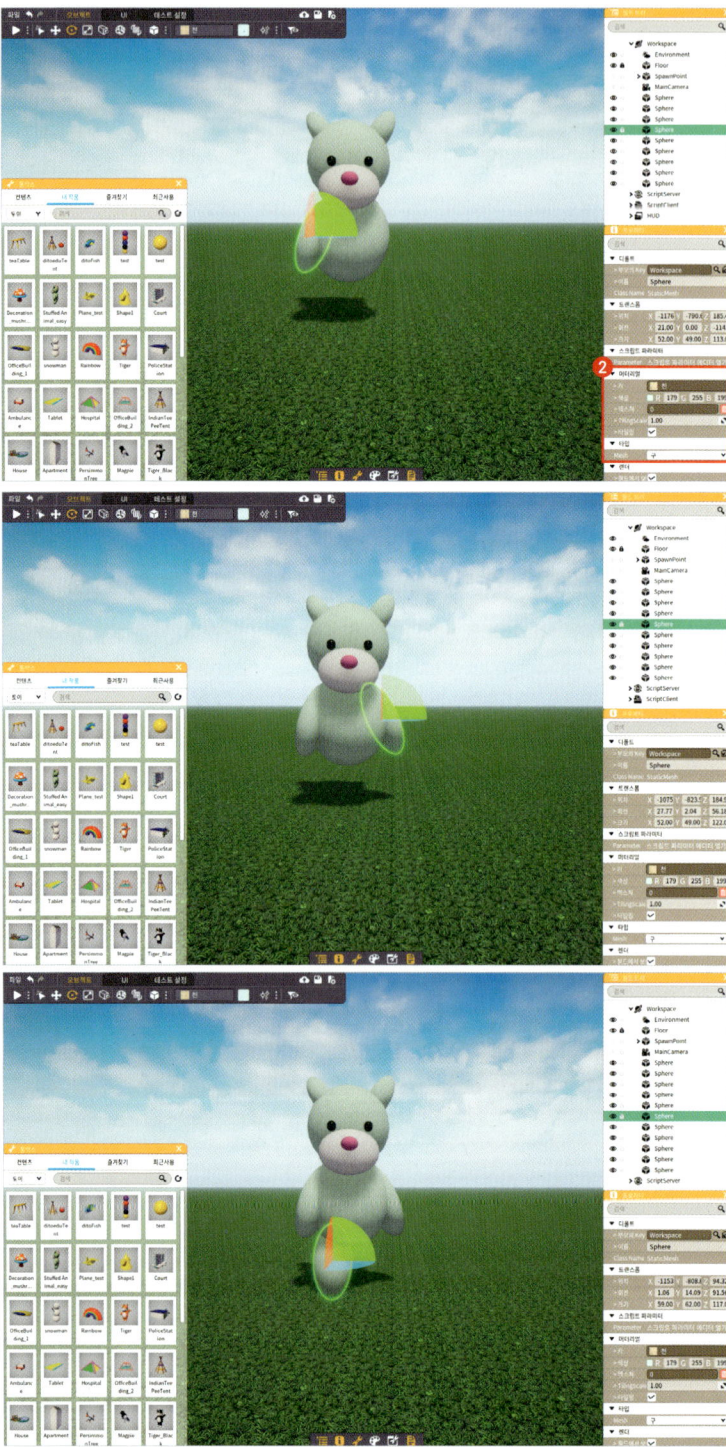

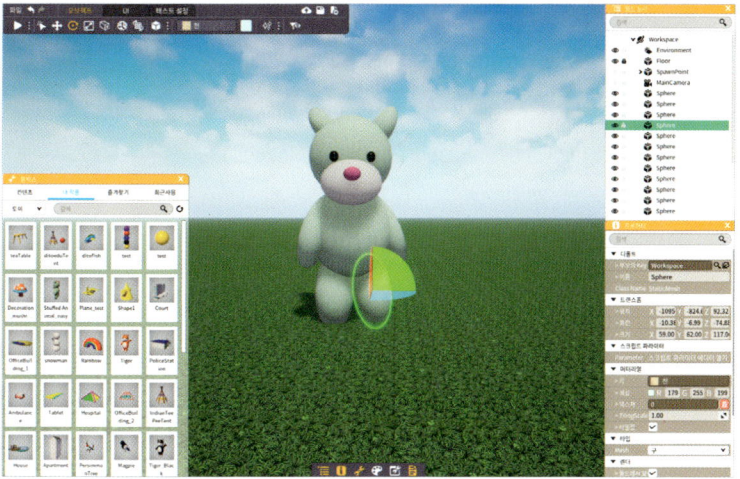

2-92

설명

구 오브젝트를 사용해 몸통과 팔다리를 만듭니다.

순서

1. 머리와 같은 색과 머터리얼의 구 오브젝트를 만들고 크기를 조절해 몸통을 만들어 줍니다.
2. 구 오브젝트를 더 생성해 스케일과 회전 툴을 이용해 구 오브젝트를 길게 만들어 팔과 다리를 추가합니다.

3 꼬리와 갈기 만들기

2-93

> **설명**

오각기둥과 원환체 조각(잘린 도넛 모양)을 이용해 갈기와 꼬리를 만들어 줍니다.

> **순서**

1. 코와 같은 색상과 머터리얼의 오각기둥 오브젝트를 납작하게 만들고 회전시켜 갈기를 만듭니다.
2. 동일한 설정의 원환체 조각(잘린 도넛 모양)을 사용해 꼬리를 만들어 완성합니다.

4 툴박스에 토이 업로드하기

 디토랜드 스튜디오로 만든 토이는 툴박스에 업로드하여 다른 작업 파일에서 사용하거나 공유할 수 있습니다. 툴박스는 다른 사람이 만들어 놓은 토이 혹은 데칼이나 사운드 등을 검색하여 사용할 수 있는 유용한 창고입니다. 특히, 자주 사용하거나 흔히 사용될 만한 토이를 툴박스에 업로드해 두면 어떤 작업을 하고 있건 디토랜드 스튜디오 툴박스에서 언제나 쉽게 검색하여 생성해 사용할 수 있습니다. 또한, 툴박스에 업로드된 콘텐츠들은 누구나 쓸 수 있게 됩니다. 토이를 만들었다면 이제 툴박스에 토이를 업로드해 봅시다.

(1) 사용된 오브젝트 선택하기

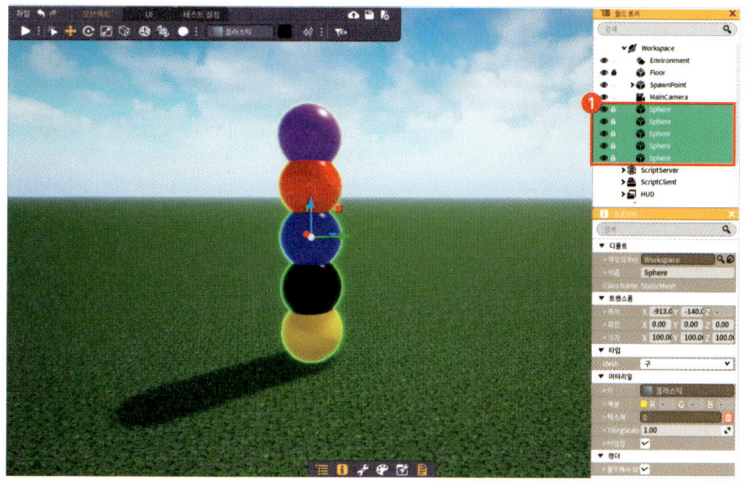

2-94

> **설명**

해당 토이를 만들 때 사용한 모든 오브젝트를 선택합니다.

> **순서**

1 Ctrl/Shift 키를 누르고 각 오브젝트를 선택하거나 월드트리에서 처음 항목을 클릭한 후 Shift 키를 누르고 끝 항목을 클릭합니다.

(2) 그룹화하기

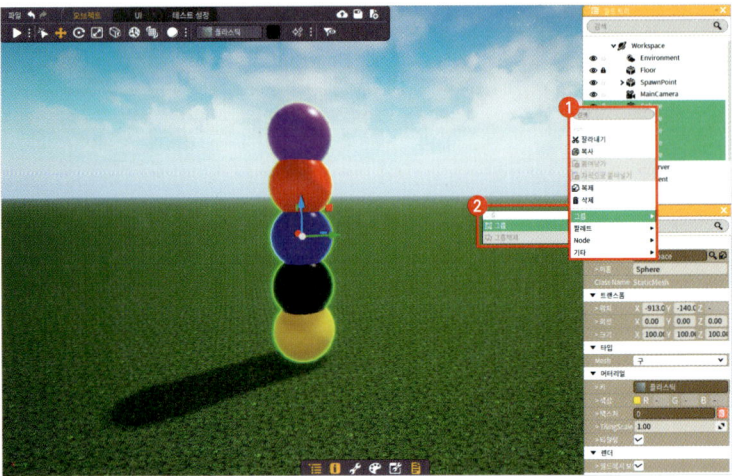

2-95

설명
선택한 모든 오브젝트를 하나의 그룹으로 만듭니다.

순서
1. 월드트리에서 선택된 항목들 위에 커서를 두고 마우스 우측 버튼을 클릭합니다.
2. 메뉴가 열리면 '그룹'을 선택한 후, 하위 메뉴에서 '그룹'을 클릭합니다.

(3) 툴박스 업로드하기

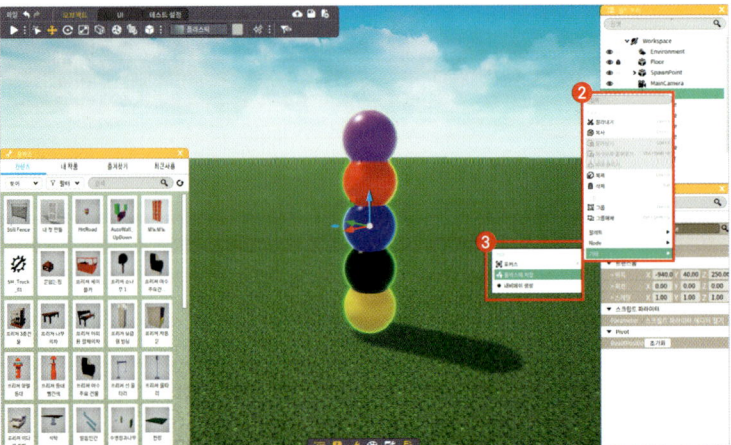

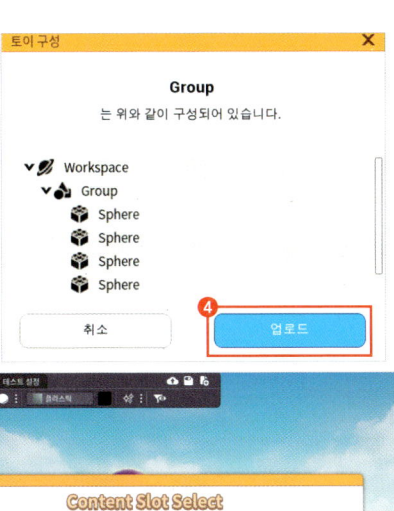

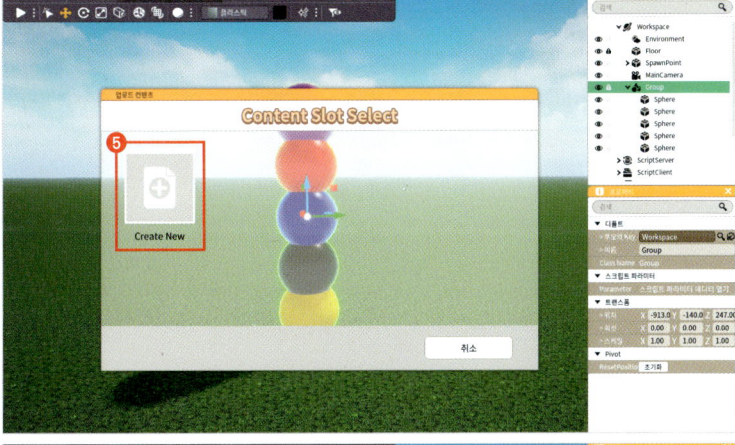

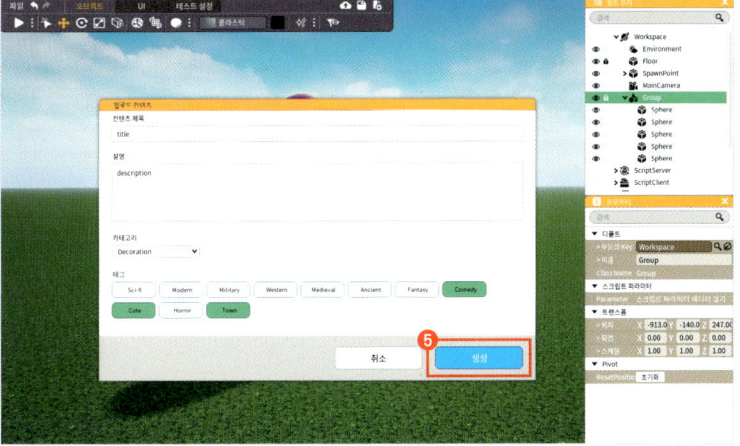

2-96

설명

업로드할 그룹을 선택하여 정보를 입력하고 툴박스에 업로드합니다.

순서

1. 월드트리에서 업로드할 토이 그룹을 클릭합니다.
2. 선택한 그룹 위에 커서를 두고 마우스 우측 버튼을 클릭합니다.
3. 메뉴가 열리면 '기타'를 선택한 후, 하위 메뉴에서 '툴박스에 저장'을 클릭합니다.
4. 토이 그룹이 어떤 오브젝트들로 구성되었는지 확인하는 칭이 열립니다. 확인 후 '업로드'를 클릭합니다.
5. 업로드 콘텐츠 창에서 Create New를 클릭하고 제목, 설명, 카테고리, 태그(최대 3개)를 입력 후 '생성'을 클릭합니다.
6. 토이 관련 업데이트 사항은 디토랜드 제작가이드에서 확인해 주세요.

> **Tip**
> 디토랜드는 제작가이드를 통해 디토랜드가 업데이트 될 때마다 업데이트 내용을 확인할 수 있는 릴리즈 노트(Release Note)를 제공하고 있습니다. 아래 URL 또는 QR코드를 활용하여 릴리즈 노트를 확인해 보세요! 토이뿐만 아니라 전반적인 디토랜드의 업데이트 내용을 확인할 수 있답니다.

2-97 제작가이드 릴리즈 노트
https://bit.ly/3khCEWc

3 나만의 메타버스 만들기

3.1 메타버스를 만드는 과정

실습을 통해 3차원 환경에 대해 간단하게 이해하게 되었을 겁니다. 이번에는 오브젝트를 넘어서 전체 공간을 구성해 볼 차례입니다. 앞서 언급한 메타버스의 유형 4가지를 기억하시나요? 여기에서는 디토랜드를 활용해 메타버스 유형 중 '가상 현실'을 만들어 보려고 합니다. 가상 현실 메타버스는 3D 모델로 이뤄진 3D 환경으로, 메타버스에 입장한 유저는 현실 세계의 작은 축소판인 가상 세계를 경험하게 됩니다. 가상 공간이기 때문에 재미있는 요소들을 추가할 수도 있습니다. 게임은 가장 작은 단위의 메타버스라고 할 수 있는데, 그런 부분에서 메타버스 제작은 일부 게임을 만드는 과정과 비슷합니다.

메타버스가 출시되어 유저가 플레이하기까지의 전체적인 과정은 다음과 같습니다.

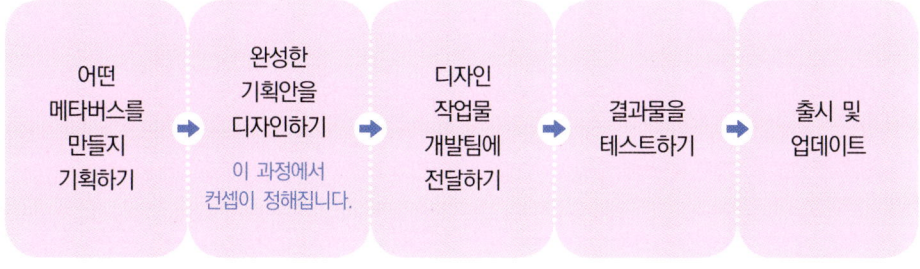

각 과정은 순서대로 진행되기도 하지만 상황에 따라서 동시에 진행되거나 순서가 변경될 수 있습니다. 지금부터는 일반적인 순서에 따라 각 과정에 대해서 자세히 이야기해 보도록 하겠습니다.

1 기획하기

메타버스를 만들기 위해 가장 먼저 어떤 것을 시작해야 할까요? 바로 어떤 '공간'을 만들지에 대해 결정해야 합니다. 게임을 만드는 경우에는 게임의 장르를 가장 먼저 결정하는 것처럼, 메타버스는 기획 의도를 먼저 설정해야 합니다.

이 과정에서 메타버스 공간을 제작하는 구체적인 목적을 정합니다. 예를 들어 여러분이 디토랜드 스튜디오로 3D 모델링을 하는 과정을 유튜브 영상으로 제작하는 크리에이터이고, 내가 만든 토이를 전시하는 전시회를 개최하고 싶다고 가정해 봅시다. 전시회장에는 다양한 종류의 토이가 전시되어 있고, 사람들은 전시회에 접속해서 토이를 체험해 볼 수 있게 만들 예정입니다.

메타버스를 만들기 전에 먼저 해야 할 것은 전시회장의 목적, 필요한 공간의 크기, 공간을 구성하기 위한 구성요소와 기능을 생각해 보는 것입니다. 전시회의 목적은 토이의 전시 및 공유이며, 다양한 토이를 관람할 수 있는 크기의 공간이 필요할 것입니다. 편리한 관람을 위해서는 각 토이가 주제에 맞게 분류되어 배치되어 있고, 원하는 토이로 한 번에 이동할 수 있는 링크가 있다면 더욱 좋을 것입니다. 지금 이 글을 읽으면서 각자 생각하는 전시회의 모습이 머릿속에 떠올랐을 겁니다.

하지만 처음에 제시한 '토이 전시회'라는 아이디어가 나오기 전까지는 그다음 생각을 전개하기가 쉽지 않습니다. 그렇기 때문에 다양한 방법으로 아이디어를 내고, 목적을 정하는 것이 가장 중요합니다.

기획 의도에 따라 조금 더 세부적인 기획은 육하원칙으로 생각을 떠올려 보면 도움이 됩니다.

언제?

메타버스 공간을 언제 공개할 것인지, 상시 공개할 것인지 아니면 특정 기간에만 공개할 것인지를 정합니다. 실제 전시회에도 특별 전시와 상설 전시가 차이가 있는 것처럼 공개 날짜도 목적에 따라 달라집니다.

어디서?

제작할 공간의 모습을 정합니다. 섬이 될 수도 있고, 사무실이 될 수도 있습니다. 혹은 목적이 적절하다면 두 개의 이미지가 섞여 있을 수 있습니다.

누가?

공간에 누가 왔으면 좋겠는지 구체적으로 정합니다. 예를 들어 '10대, 환경 보호에 관심이 있는 사람'처럼 연령대와 관심사 등 최대한 구체적인 항목을 적습니다. 메타버스를 사용하는 유저의 연령대에 따라 미니게임을 추가할 수도 있고, 텍스트를 크게 사용하는 등 메타버스의 공간 구성과 세부사항이 달라집니다.

어떻게?

내가 만든 메타버스를 어떤 플랫폼을 사용해서 제작할지를 결정합니다. 각 플랫폼마다 장단점이 다르기 때문에 필요한 기능을 고려하여 선택해야 합니다.

왜?

메타버스 공간을 제작하는 이유를 상세하게 정리합니다. 덧붙여 생각한 아이디어가 왜 메타버스에서 만들어져야 하는지도 고민해 보아야 합니다.

무엇을?

앞서 정한 기획 의도는 '무엇을?'에 해당합니다. 내가 만든 공간에서 접속자들이 어떤 활동을 했으면 좋겠는지 구체적으로 정합니다. 게임을 할 수도 있고, '미팅을 하는' 등의 활동 목록을 정리합니다. 여기서 정리한 활동들에 따라 메타버스의 전체 맵 구성이 달라집니다.

위 내용을 토대로 기획안을 만들어 보면 아래와 같습니다.

1. 언제?	202○년 ○월 ○일 ○○시~202○년 ○월 ○일 ○○시
2. 어디서?	직접 제작한 디토랜드 토이 박물관
3. 누가?	3D 모델링으로 토이를 만드는 것에 관심이 있고 제작 방법을 공유하고 싶은 디토랜드 유저
4. 어떻게?	유튜브에 업로드한 공지사항에 있는 링크를 통해 PC나 모바일 앱으로 접속하거나 디토랜드 홈페이지에서 '디토랜드 토이 전시회' 검색 후 접속
5. 왜?	내가 알고 있는 토이 제작 방법을 사람들과 공유하고, 토이에 대한 피드백을 주고받는 소통의 공간으로 사용할 예정. 동시에 유튜브 채널 홍보 효과도 기대할 수 있음
6. 무엇을?	토이 체험, 크리에이터 3D 모델링 강연, 채팅을 통한 소통, 유튜브 영상 감상

표 2-5 육하원칙에 따라 완성한 기획안 예시

이렇게 육하원칙에 따라 정리하기만 해도 많은 것들이 결정됩니다. 기획안을 통해 메타버스를 완성한 다음에는 메타버스의 향후 활용 계획이나 메타버스 홍보 방안에 대해 고민해 보는 과정을 통해 내 메타버스를 알릴 수도 있습니다.

2 공간 디자인하기

기획안을 토대로 정리된 메타버스는 디자인을 통해 특색을 얻습니다. 메타버스를 디자인하는 일은 게임의 맵(레벨[34])을 디자인하는 것과 같습니다. 메타버스가 정의된 후에는 메타버스 디자인이라는 말을 사용하고 있지만, 그 이전에 게임과 같은 3D 환경을 구축할 때는 레벨 디자인이라는 용어를 사용했다고 합니다. 게임은 작은 단위의 메타버스라고 할 수 있는데, 메타버스를 구성하는 일도 게임 세상의 맵 환경을 구축하는 것과 비슷합니다.

실제로 3D 환경을 구성하는 모든 점을 배우기 위해서는 오랜 시간이 필요합니다. 여기에서는 게임 맵을 구성하는 사례를 통해 공간을 디자인하는 방법에 대해 간단하게 배워 보도록 하겠습니다.

메타버스 공간을 설정할 때는 최소한 아래 3가지를 생각해야 합니다. 물론 이 내용은 앞서 육하원칙 기획안을 통해 대략적인 내용이 구성된 이후에 진행해야 합니다.

> ① 전체 맵 크기는 어떻게 만들까?
> ② UX[35]를 고려했을 때 공간을 어떻게 분류하면 좋을까?
> ③ 각 공간에서 필요한 기능, 기술은 무엇이 있을까?

위 내용은 서로 관계돼 있으므로 그림을 그려 가며 공통적인 대답을 적어 보면 좋습니다. 우선 전체 맵의 크기는 목적에 따라 크게 좌우됩니다. 하지만 예를 들어, 제작하려는 메타버스가 간단한 소모임이나 회의장소라면 메타버스 입장부터 회의실까지 거리가 너무 멀면 유저들이 불편함을 겪게 될 것입니다. 반대로 서로 대결하는 플레이 월드의 경우 맵이 너무 좁으면 결판이 쉽게 지어져 유저들이 흥미를

---

[34] 초창기 RPG 게임에서 게임 레벨(단계, level)을 게임 난이도와 테마로 구분한 것에서 유래되어 레벨 디자인이라는 말이 사용되고 있으며, 캐릭터 등급 단계를 나타내는 레벨과는 뜻이 다르다. 게임의 맵(map)이나 스테이지(stage) 개념으로 쓰인다.

[35] 어떤 제품이나 서비스를 이용하면서 축적하게 되는 총체적 경험

잃기 쉽습니다. 또한 전시 목적의 메타버스를 너무 미로처럼 만들어 놓거나 크기를 고려하지 않으면 편안하게 관람하기도 어렵습니다. 실제로 지금 위에서 나열한 몇 가지 불편한 부분은 사실 현실에서도 충분히 우리가 겪을 수 있습니다. 현실에서 불편한 점은 메타버스에서도 똑같이 느낄 수 있다는 점을 생각하면서 공간을 나누고 배치해야, 유저가 편리함을 느끼고 오래 머물 수 있습니다. 물론 이 모든 것은 각 공간에 필요한 기능이 적절히 활용되었을 때 효과가 극대화되겠지요?

지금부터는 디토랜드의 물총게임 맵을 살펴보면서 어떻게 디자인이 되었는지 알아보도록 하겠습니다. 완성된 월드의 모습을 보기 전에 먼저 월드 소개를 보고 이 공간이 대략적으로 어떤 공간인지 상상해 봅시다.

> ### 월드 소개
>
> 물총게임은 해변에서 물총으로 싸우는 멀티 플레이 슈팅 게임입니다.
>
> - 나와 다른 모자와 마스크를 쓰고 있는 상대편 플레이어를 슈팅!
> - 5분 안에 상대팀을 많이 쓰러트리는 팀이 승리!
> - 물총은 워터슬라이드의 안개분수 아래에서 충전!
> - 물에 빠지면 킬!
>
> 과연 승자는 어떤 팀이 될까요?
> 지금 바로 플레이해 보세요~!

2-98 물총 게임 설명

월드 소개에서 찾은 정보를 나열해 봅시다. 위 내용을 살펴보면 이 공간은 이름처럼 게임 공간일 것이고, 물에 빠지면 목숨을 잃거나, 워터슬라이드, 안개분수, 해변과 같은 표현으로 보아 물이 많은 공간임을 유추해 볼 수 있습니다. 게임은 총 2팀으로 이뤄져 팀 대항전인 것을 알 수 있습니다. 다만 플레이 시간이 5분으로 짧기 때문에 맵을 이동하는 데에 시간을 소비할 만큼 큰 공간은 아니라고 예상해 볼 수 있겠습니다. 사실 위 소개에 있는 내용은 기획안에서 충분히 작성할 수 있는 내용입니다. 여러 조건들이 정해져 있고 그 조건들을 가장 유저가 편하게 배치해야 합니다. 위 내용을 가지고 유추해 볼 수 있는 공간은 어느 정도 될까요? 대략적으로 다음과 같이 분류해 보았습니다.

2-99

어떤가요? 위의 조건들을 충족했나요? 그렇다면 지금 작성한 내용을 조금 더 구체화시켜 보도록 하겠습니다. 해당 게임은 물이 중요한 포인트 중에 하나였습니다. 그렇다면 대결 장소인 플레이 존에 물이 많도록 설정해야 게임이 흥미진진하게 진행될 것입니다. 혹은 전체 플레이 존이 물이고 그 위에 구조물을 나열해 밟고 지나가게 할 수 있습니다. 실제 워터파크 등의 모습을 생각하며 아래와 같이 구체화해 보았습니다.

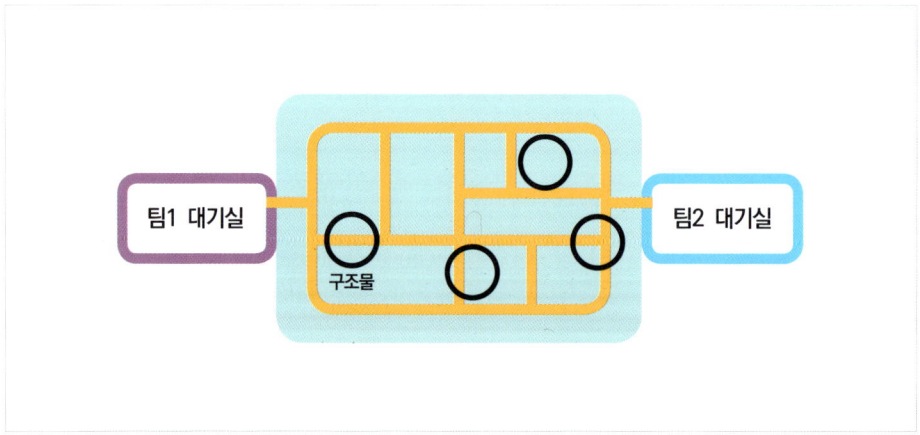

2-100

대결을 할 때 꼭 필요한 물을 충전할 때 필요한 안개분수는 맵의 가운데에 배치해 유저들이 플레이 존 깊숙한 곳으로 들어올 수 있도록 유도했습니다. 그렇게 해야 서로 가까워지면서 자연스러운 대결이 되겠지요?

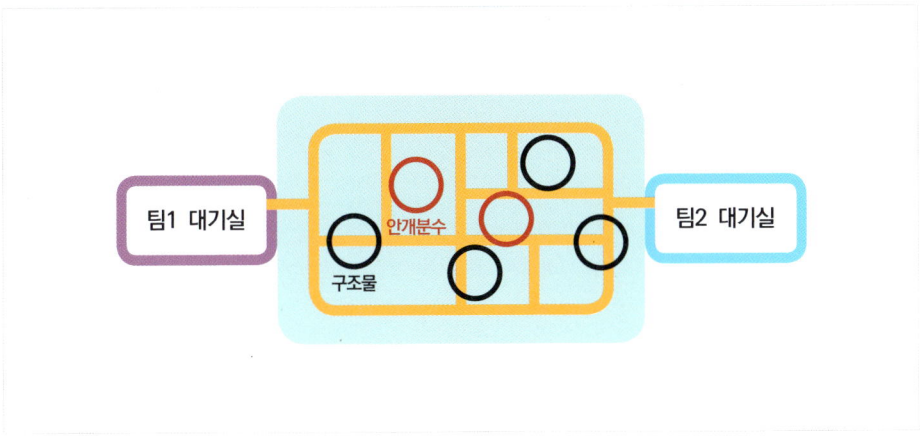

2-101

사실 이렇게만 완성하면 게임을 플레이할 수 있는 공간적 요소는 모두 갖추게 되었습니다. 하지만 추가해야 할 부분이 있습니다. 어떤 부분일까요? 질문에 대한 대답을 다음 3개 이미지를 보고 맞혀 봅시다.

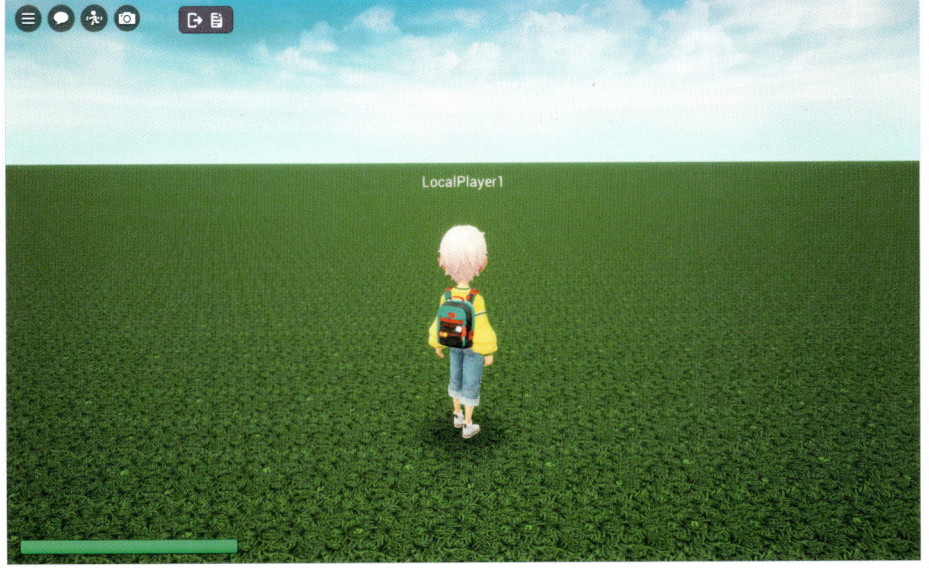

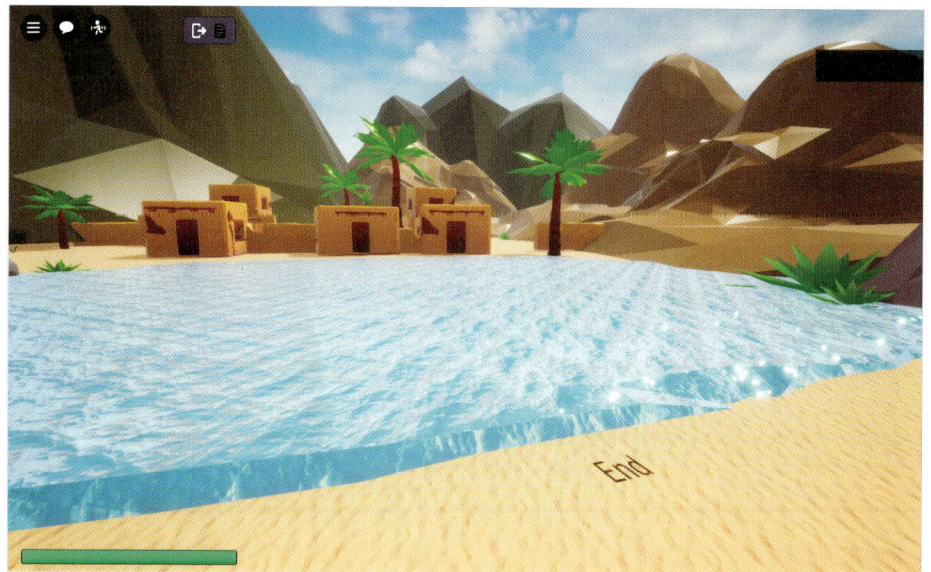

2-102

　첫 번째 이미지와 두 번째, 세 번째 이미지는 어떤 차이가 있을까요? 바로 시야입니다. 첫 번째 맵은 아무것도 없는 기본 템플릿이기 때문에 배경이 존재하지 않습니다. 그래서 내가 위치한 땅의 끝이 어디인지 가늠하기 힘듭니다. 시야의 끝도 지평선을 따라 멀어지기 때문에 주변에 집중하기 어렵습니다. 2번은 투명미로 오아시스의 플레이 장면입니다. 차이가 느껴지시나요? 해당 게임에서는 첫 번째와 다르게 시야를 마운틴 토이들로 막아 두었습니다. 좀 더 이 환경에 시야가 집중되고 몰입할 수 있는 선인장이나 오아시스 등의 오브젝트로 플레이 환경에 어울리는 배경을 추가했습니다. 세 번째의 경우도 숲속에서 진행하는 FPS 게임이라는 특성상 숲과 관련된 오브젝트들을 배치하고 유저의 시야를 가까운 곳에 머물게 했습니다. 이 정도만으로도 배경에 대한 중요성을 확실히 느낄 수 있겠지요?

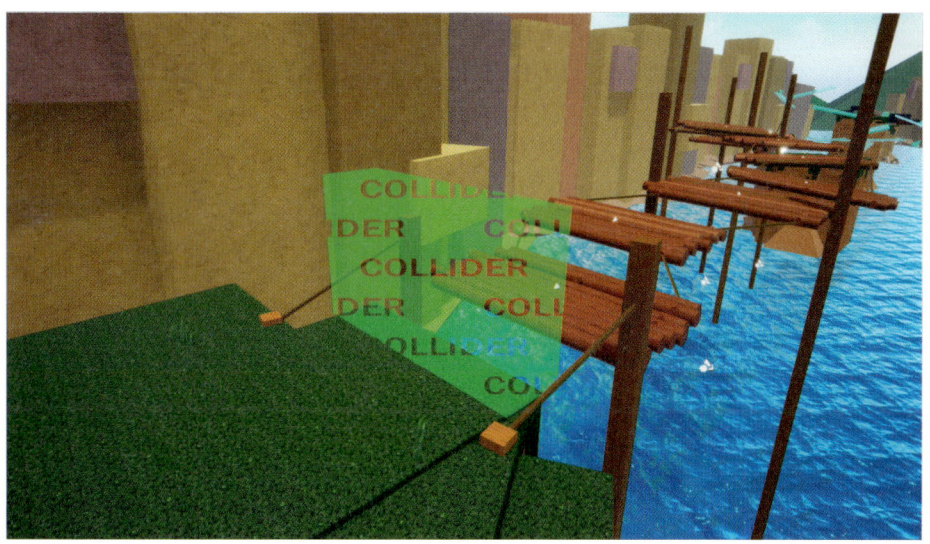

2-103

 배경에 오브젝트를 배치하고 공간 디자인을 진행했다면, 지금부터는 이 배경을 활용할 수 있는 중요한 개념이 등장합니다. 바로 콜라이더(collider)입니다. 콜라이더는 플레이를 시작하면 보이지 않는 영역으로, 트리거(trigger)로 설정하거나 영역의 개념으로 사용하면 더욱 다양하게 응용할 수 있습니다. 위 이미지에서는 스탑 워치 트리거 영역으로 사용되어 해당 콜라이더 영역을 지나면 스탑 워치의 시간이 시작되도록 설정하였습니다.

 하지만 꼭 이렇게 트리거로 사용하지 않아도 단순한 배경 공간을 디자인에도 사용 가능합니다. 이때에는 게임의 바닥과 벽처럼 고정된 요소로 사용하기에 좋습니다. 위치가 변경되지 않고 충돌했을 때 반응하지 않도록 설정해 놓으면 배경은 마치 투명한 벽 너머처럼, 볼 수는 있지만 갈 수는 없도록 설정할 수 있습니다. 이렇게 설정하는 이유는 배경 영역까지 플레이 유저가 돌아다니려면 목적에 맞지 않게 큰 공간이 설정될 수 있기 때문입니다. 앞서 언급한 투명 미로는 플레이 존보다 큰 콜라이더 영역을 가지고 있습니다.

오아시스 끝을 보면 투명한 벽이 있는 것을 확인할 수 있습니다. 플레이 존 밖의 영역은 유저의 시야에는 일부만 노출되지만 사실은 더 큰 영역으로 존재합니다. 이렇게 콜라이더와 배경 디자인 요소들을 접목하면 더 몰입되는 메타버스 환경을 구성할 수 있습니다.

2-104

다시 물총게임으로 돌아와서 이야기를 해 보겠습니다. 물총게임도 투명미로-오아시스와 마찬가지로 콜라이더 영역을 구성해 놓았습니다. 다음 그림처럼 대기실과 플레이 존을 제외한 나머지 모든 영역은 콜라이더로 구분되어 있습니다. 해변이라는 특성이 잘 반영되도록 콜라이더 또는 그 바깥 영역은 물 머티리얼로 채워도 좋지 않을까요? 다양한 아이디어를 추가해 더 멋진 맵을 완성해 보면 좋을 것 같습니다.

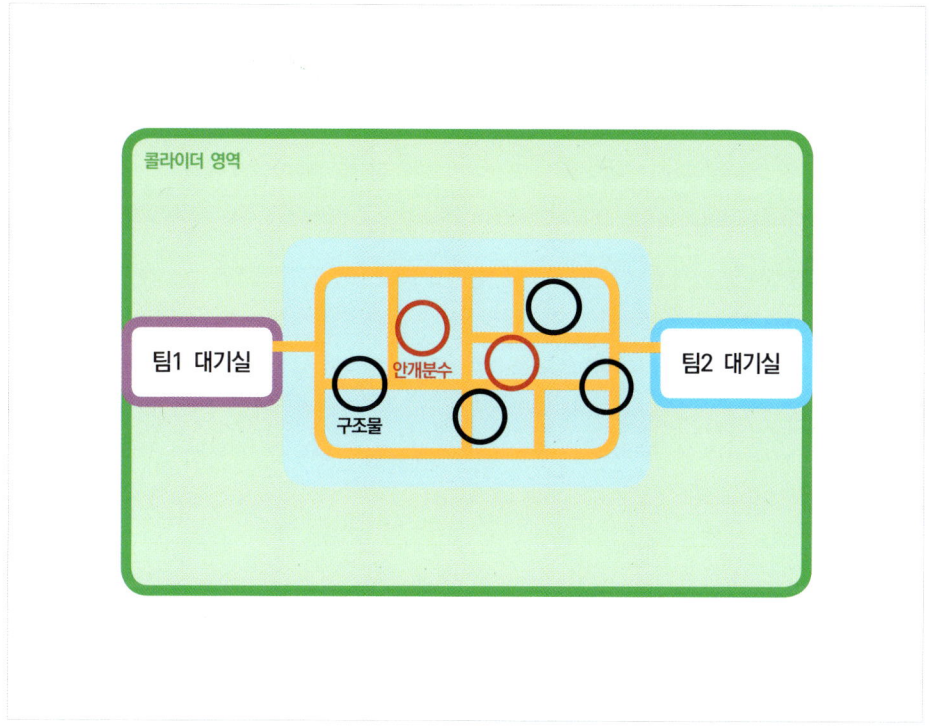

2-105

　방금 한 단계씩 그린 내용을 토대로 완성해 본 물총게임의 최종 모습입니다. 이렇게 영역만 잘 나누어도 보기 좋은 맵을 만들 수 있습니다. 대기실이나 플레이 존의 상세 디자인도 마찬가지로 꼭 필요한 내용을 생각하면서 필요한 디자인들이 하나씩 추가되면 좋을 것입니다. 플레이 존이나 대기실을 이루는 각각 요소들에 대한 디자인 방법은 앞서 배운 오브젝트 디자인 단원의 실습을 따라 해 보며 만들어 볼 수 있습니다.

마지막으로 각 구역에 필요한 기능을 정리해 보면 다음과 같습니다. 해당 맵은 게임이라는 특성상 각 구역에 필요한 기능이 많아 일부만 언급해 보았습니다. 단순히 모임 장소로서의 메타버스라면 더 적은 기능으로도 완성이 가능합니다. 이렇게 정리해 두면 각 구역에서 꼭 구현해야 할 기능들도 놓치지 않고 만들어 볼 수 있습니다.

구분	내용	기능 구현
플레이 존	물에 빠지면 Kill 처리된다	Kill 토이 사용
	킬 숫자가 노출된다	스코어 관련 코드 추가 작성
	물을 충전한다	수도꼭지 토이 사용
대기실	바로 플레이가 시작되지 않고 유저는 30초 동안 대기한다	멀티플레이 - 대기 시간 관련 코드 추가 작성
	대기하는 동안 게임 방법 설명을 듣는다	텍스트 토이 사용
배경 영역	유저가 이동할 수 없는 공간이다	콜라이더 사용

표 2-6 물총게임 각 구역에 필요한 기능

   여기에서는 대표적인 것 3가지만 언급해 놓았지만, 물총게임 월드는 게임이라는 특성상 플레이 존에 추가되어야 할 기능이 많습니다. 또한 멀티플레이 게임의 경우 추가 스크립트를 작성해야 원하는 게임의 모습을 갖출 수 있습니다. 간단하게 멀티플레이 게임을 만들고 싶은 경우에는 디토랜드 스튜디오의 FPS/TPS 템플릿을 참고하시면 도움이 됩니다.

   지금까지 작업해 본 것은 디자인 기획, 또는 디자인 설계도로 불리는 것들입니다. 사실 메타버스 디자인 작업에 필요한 툴이나 방법이 정해져 있는 것은 아닙니다. 가장 잘 맞는 툴이나 기법을 찾는 게 중요합니다. 하지만 그 과정을 배우는 데 시간을 과하게 투자하다 보면 나만의 메타버스를 만드는 날이 더 늦어질 수 있답니다. 이번 단원에서 흐름에 따라 디자인해 본 것처럼 필수적인 부분은 적어서 공간 구분에 대한 도안을 그려 보고, 나머지 부분은 직접 스튜디오에 들어가 만들어 보면 더 좋은 아이디어가 추가될 것입니다.

2-107

　디토랜드 스튜디오로 아주 쉽게 재미있는 공간을 만들어 볼까요? 기본 오브젝트와 머터리얼 그리고 툴박스에 있는 토이들만 잘 활용해도 간단하게 나만의 공간을 꾸며 볼 수 있습니다. 미니룸은 실내 공간과 실외 공간을 구분하여 실내에서 쓰이는 토이들과 야외에서 사용하는 토이들을 구분해서 배치해 볼 수 있도록 기획했습니다. 단순한 소통 공간으로 특별한 기능이 추가되지 않고 공간으로서의 목적에 집중해 보는 메타버스입니다. 지금부터는 툴박스의 가구 토이들을 생성하여 배치하면 정말 간단히 나만의 메타버스 세상을 만들어 봅시다. 실습에서는 조금 더 쉽게 시작해 볼 수 있도록 템플릿을 준비하였습니다. 템플릿을 다운받아 미니룸을 직접 꾸며 봅시다.

실습 나만의 메타버스 미니룸 꾸미기 튜토리얼 1

1 미니룸 템플릿 다운로드하기

2-108

설명

웹 브라우저로 링크를 열어 미니룸 템플릿을 다운받습니다.

순서

1 웹 브라우저 주소 창에 https://bit.ly/37zqwx2 주소를 입력해 페이지로 이동합니다.

2 miniroom.RMO 파일을 클릭하고 오른쪽 마우스 버튼을 클릭 후 다운로드합니다.

2 미니룸 템플릿 열기

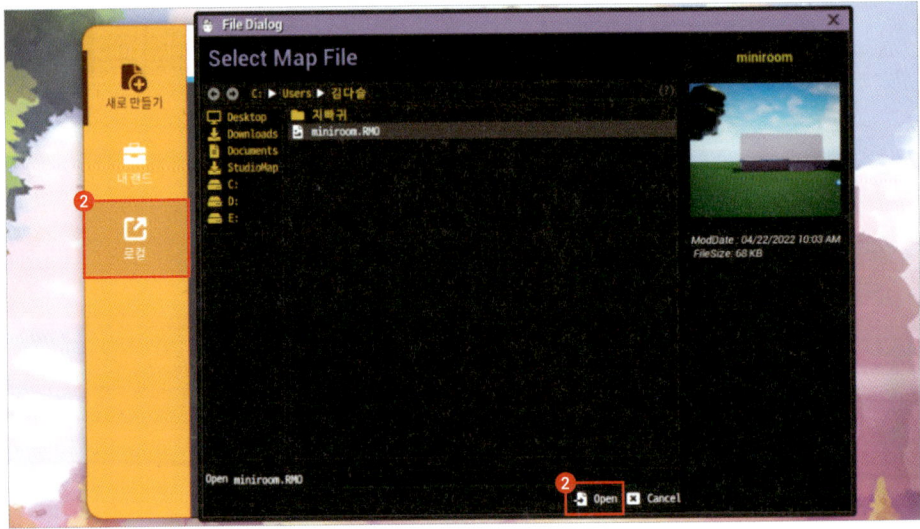

2-109

> 설명

디토랜드 스튜디오에서 miniroom.RMO 파일을 불러옵니다.

> 순서

1 디토랜드 스튜디오를 실행합니다.
2 '로컬'을 클릭하고 템플릿 파일이 저장되어 있는 경로로 들어가 miniroom.RMO 파일을 클릭하고 Open을 누릅니다.

3 유리창 만들기

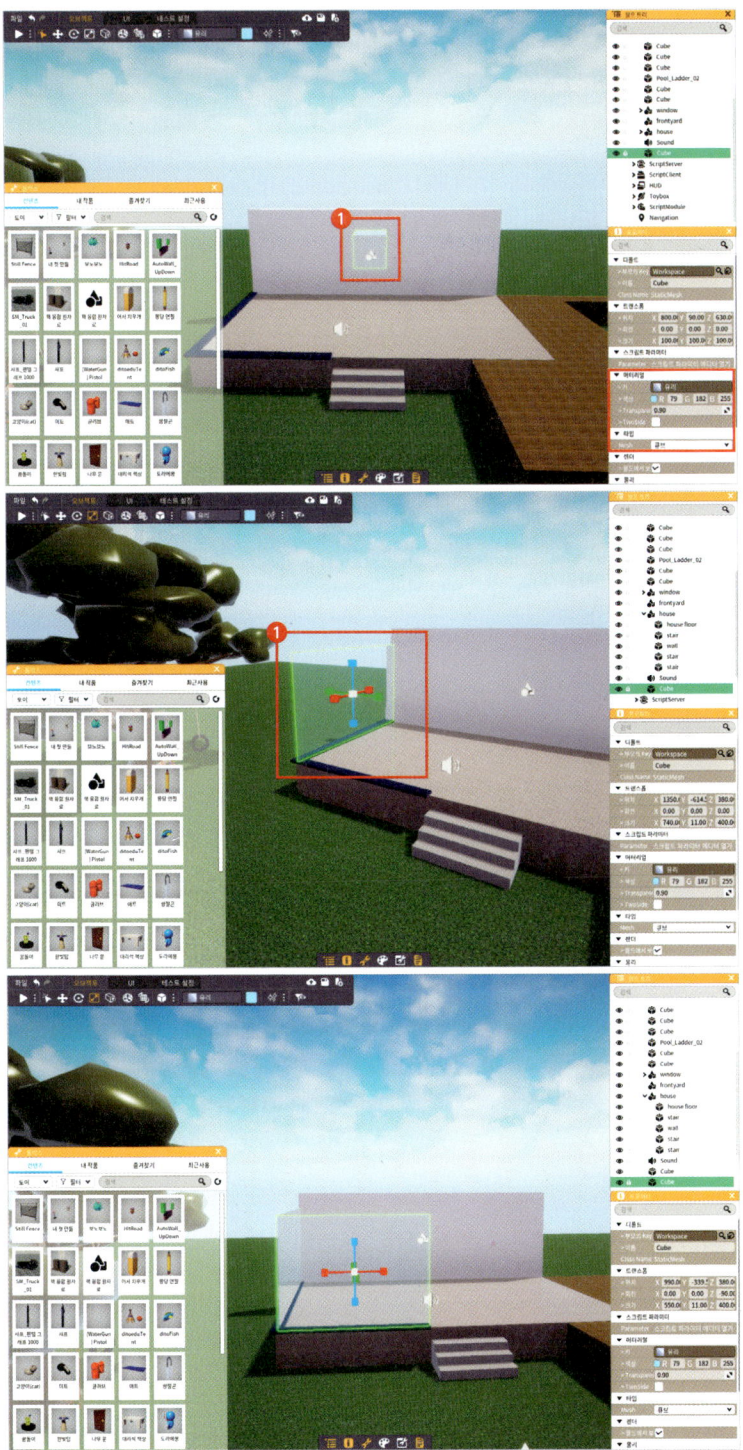

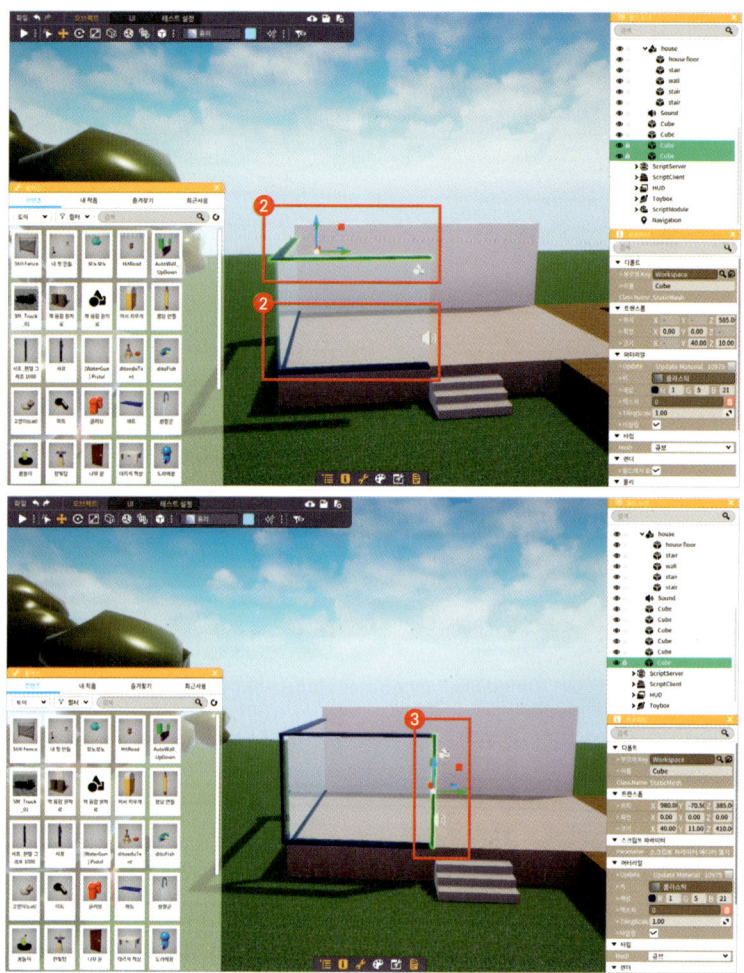

2-110

설명

유리 머터리얼의 큐브 오브젝트와 템플릿의 오브젝트를 복제해 유리창을 만듭니다.

순서

1. 유리 머터리얼의 하늘색 큐브 오브젝트를 생성해 집의 유리창 부분을 만들어 줍니다.
2. 템플릿의 기존 창틀을 복제하여 유리창의 윗부분으로 이동시킵니다.
3. 세로축의 창틀도 만들어 줍니다.

4 실내 꾸미기

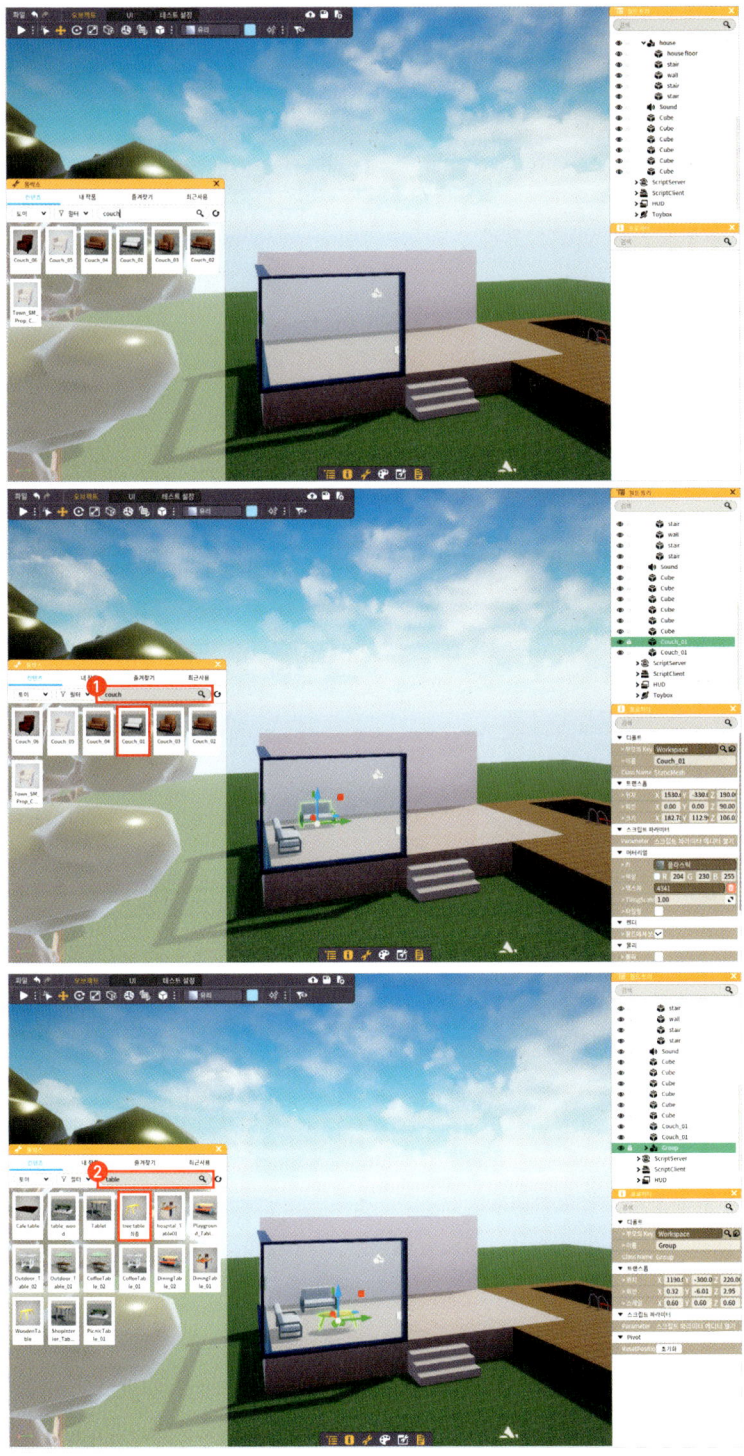

2-111

설명

툴박스의 토이를 사용해 실내 가구들을 배치합니다.

순서

1 툴박스에서 'couch'를 검색하고 원하는 소파를 클릭해 집 안에 배치합니다.

* 사용된 토이 - Couch_01

2 'table'을 검색해 소파 옆에 놓아 줍니다.

* 사용된 토이 - teaTable

3 'bookshelf'를 검색해 책장을 추가해 줍니다.

* 사용된 토이 – bookshelf_1

4 'shopInterior'를 검색해 바 테이블과 의자 토이를 추가합니다.

* 사용된 토이 – ShopInterior_Cafe_01

5 원하는 가구들을 더 추가해 집 안을 풍성하게 꾸며 보세요.

5 수영장 꾸미기

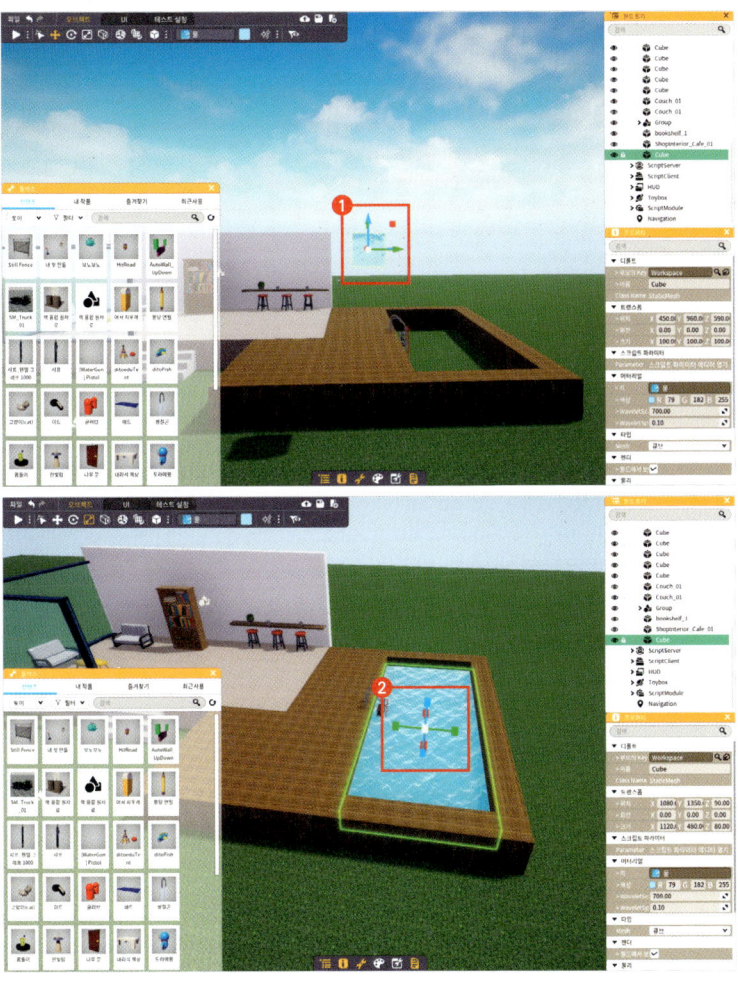

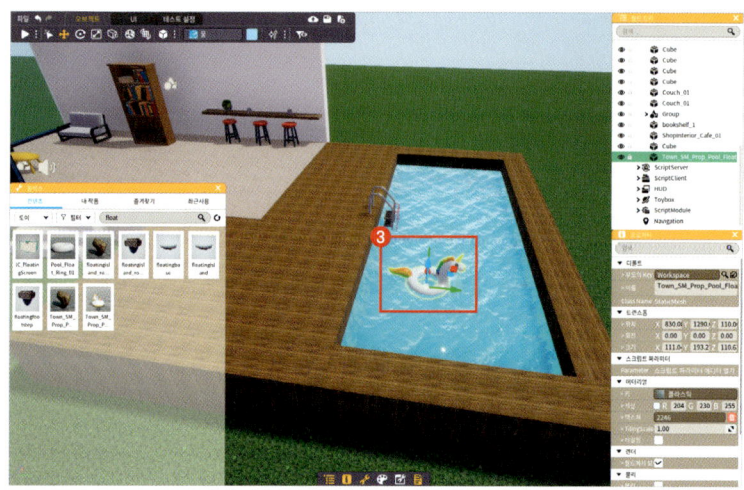

2-112

> **설명**

물 머터리얼의 큐브 오브젝트와 튜브 토이로 수영장을 꾸며 줍니다.

> **순서**

1. 물 머터리얼의 하늘색 큐브 오브젝트를 생성해 주세요.
2. 수영장 안에 크기를 맞춰 배치해 주세요.
3. 툴박스에서 'float'를 검색해 수영장에 튜브를 추가해 주세요.

* 사용된 토이 - Town_SM_Prop_Pool_Float_Ring_03

3.2 디토랜드 스튜디오로 프로그래밍하기

  디토랜드 스튜디오는 개발자들은 물론 비개발자도 큰 어려움 없이 메타버스를 만들어 볼 수 있게 만들어졌습니다. 그중에서 개발을 모르는 사람도 개발자들이 스크립트에 작성해 놓은 기능을 간단한 조작을 통해 이해하고, 스튜디오에서 바로 적용해 볼 수 있도록 한 것이 큰 특징입니다. 디토랜드 스튜디오에는 프로퍼티(property)라고 하는 속성 창이 있습니다. 이 속성 창을 통해 스크립트에 적용된 다양한 값을 쉽게 수정할 수도 있고, 스크립트 파라미터로 변수를 추가하거나 값을 변경할 수 있습니다. 이를 통해 스크립트 기능을 코드 없이도 구현하고 활용해 볼 수 있는 것입니다. 나아가 개발자들이 이미 오브젝트에 스크립트를 작성해 놓은 토이들을 응용해 본다면, 간단한 조작만으로도 더 완성도가 높은 메타버스를 만들 수 있을 것입니다.

   그렇다고 해서 코드 작성이 불가능한 것은 아닙니다. 코드 작성도 당연히 가능합니다. 이 책에서는 프로그래밍 과정을 다루지는 않지만 스크립트 에디터(Script Editor) 창을 클릭하여 코드를 작성할 수 있고, 디토랜드 템플릿에 사용된 코드들도 맵을 열어 확인할 수 있습니다. 이외에 다른 함수나 활용한 예제가 궁금하다면 제작가이드를 참고해도 좋습니다. 이에 대한 자세한 내용은 지금부터 이야기해 보도록 합시다.

1 프로퍼티 수정하기

   프로퍼티는 말 그대로 속성 값을 의미합니다. 예를 하나 들어 보겠습니다. 메타버스에서 캐릭터가 앞으로 달리거나 점프하는 장면을 떠올려 봅시다. 사용자들이 원하는 점프 높이나 달리기 속도는 각각 생각하는 기준에 따라 다를 것입니다. 속도나 높이를 바꾸고 싶다면 어떻게 해야 할까요? 이때 수정하는 것이 속성 값입니다. 앞서 실습을 통해 오브젝트의 색이나 위치 머터리얼의 효과 등을 프로퍼티에서 이미 수정해 보았을 것입니다. 하지만 이외에도 기본적으로 월드트리에 포함된 Environment(환경)이나, Character Setting(캐릭터 세팅)의 속성도 사용자가 원하는 만큼 수정이 가능합니다. 디토랜드 스튜디오에서는 이 프로퍼티값을 쉽게 수정할 수 있게 만들어 놓았습니다. 그래서 스크립트 에디터를 열지 않아도 간단한 값을 수정하여 내가 원하는 메타버스를 만들 수 있습니다.

2-113

디토랜드의 캐릭터는 수정할 수 있는 값이 다양한 편입니다. 월드트리 항목 중 ToyBox(토이박스)를 클릭하면 하단에 Character Setting이라고 쓰인 항목이 있습니다. 해당 항목을 더블 클릭하면 캐릭터의 위치는 물론 애니메이션부터 의상까지 설정이 가능합니다.

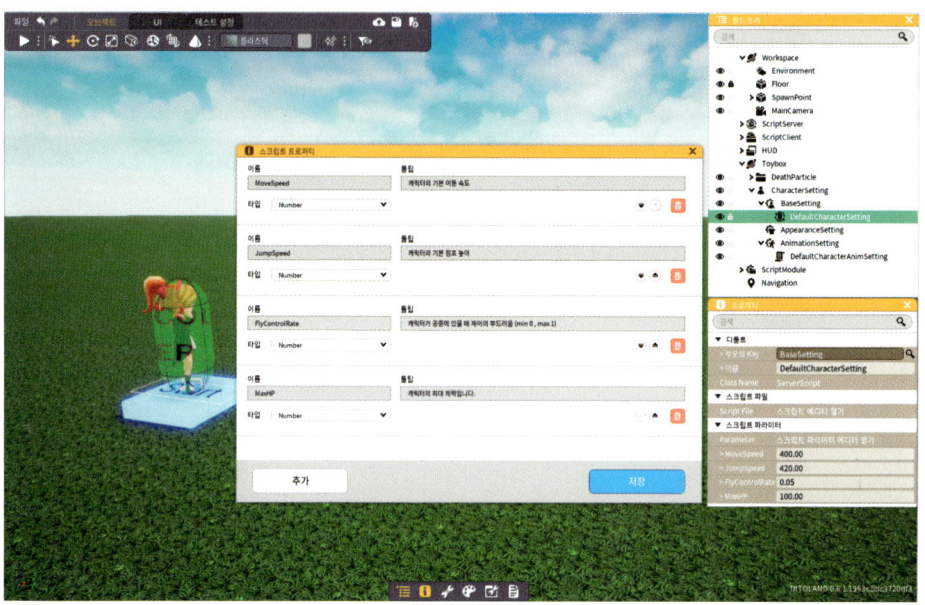

2-114

CharacterSetting 바로 아래에 있는 서버 스크립트 항목인 DefaultCharacterSetting(캐릭터 기본 설정)을 더블 클릭하면 방금 예시로 들었던 MoveSpeed(캐릭터의 속도), JumpSpeed(점프 높이), FlyControlRate(공중에서의 움직임), MaxHP(최대 체력)을 수정할 수 있습니다. 이 내용은 스크립트 파라미터 에디터를 통해서도 확인 가능합니다. 파라미터(parameter)[36]란 단순히 번역하면 매개 변수입니다. 쉽게 이야기하면, 특성 작동에 영향을 주도록 전달되는 데이터(변수) 정도로 정리할 수 있습니다. 이 파라미터 에디터를 통해 캐릭터의 동작(작동)에 영향을 주는 변수들을 추가할 때 유용하게 사용할 수 있습니다. 그리고 파라미터에서 추가

---

36 컴퓨터 용어로서 범용 프로그램의 개개의 작업에 적용할 경우에 필요한 수치정보, Oxford Languges

한 내용은 기존에 기본적으로 구성되어 있는 프로퍼티처럼 이용할 수 있습니다.[37]

스크립트 에디터를 통해서도 이 내용을 확인할 수 있습니다. 이 내용을 보면 스크립트에 정의된 내용이 파라미터를 통해 프로퍼티에서 변경 가능하도록 정의된 것을 볼 수 있습니다.

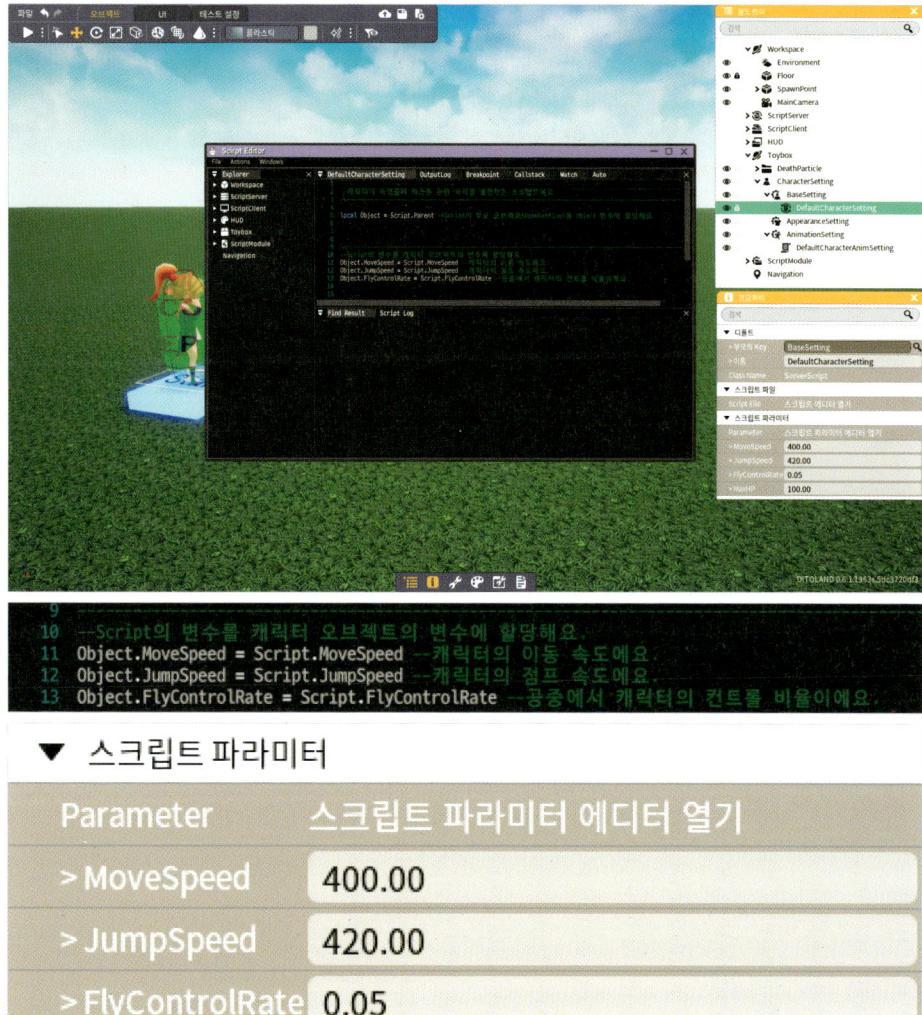

2-115

---

37 이 경우 파라미터 에디터에서 동기화 버튼을 클릭하면, 클라이언트와 서버에서도 이 변수에 접근할 수 있지만, 불필요한 것도 동기화하는 경우 전체 프로그램에 무리를 주기 때문에 필요한 경우에만 동기화를 진행해야 한다 (자세한 내용은 제작 가이드의 스크립트 심화 강좌 참고).

현재는 업데이트를 통해 캐릭터 속성에 관련된 기능들은 내부 파라미터로 빠지고 스크립트에서 처리하는 부분은 삭제되어 아래와 같이 파라미터가 변경되었습니다.

변경 전

2-116 CharacterSetting/BaseSetting에서 아래 파라미터 조절 가능

변경 후

2-117 CharacterSetting/BaseSetting/DefaultCharacterSetting에서 MaxHP 조절 가능

위 내용을 통해 스크립트와 프로퍼티 활용, 파라미터의 관계에 대해 이해가 되었기를 바랍니다.

실습 나만의 메타버스 미니룸 꾸미기 튜토리얼 2

 이전 미니룸 실습에서는 디토랜드 스튜디오의 툴박스 토이를 이용해 미니룸을 꾸며 보았었죠? 지난 실습에서 기존의 토이를 그대로 이용했다면, 이번엔 툴박스 토이의 스크립트 그리고 각종 속성을 바꿀 수 있는 프로퍼티 창을 이용해 더욱 다채로운 연출을 해 보려고 합니다. 내 미니룸 실습 파일을 열고 튜토리얼을 따라 해 봅시다.

1 Environment(환경) 바꾸기

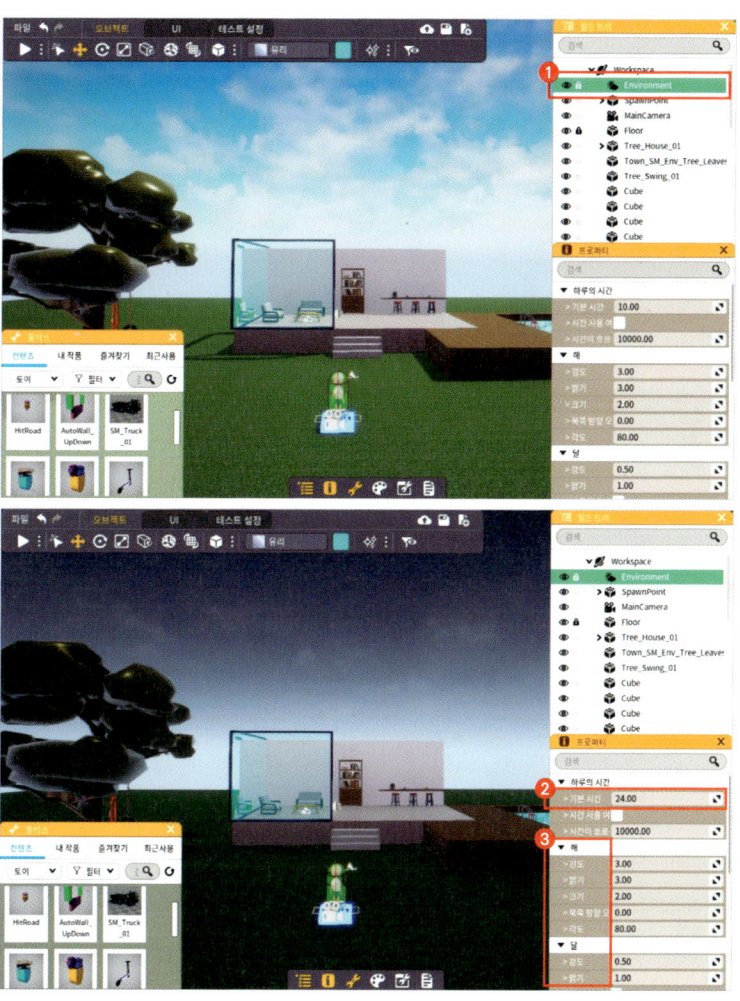

2-116

> 설명

Environment의 기본 시간을 변경합니다.

> 순서

1 월드트리에서 Environment를 선택합니다.
2 프로퍼티 창에서 기본 시간을 24시로 변경합니다.
3 이외에도 달의 강도, 밝기, 구름 등 원하는 항목을 바꿀 수 있습니다.

2 램프 추가하기

2-117

> 설명

툴박스의 램프 토이와 네온 머터리얼을 이용해 램프를 추가합니다.

> 순서

1 툴박스에서 'lamp'를 검색해 원하는 램프를 생성합니다.

* 사용된 토이 – LampStanding_02

2 네온 머터리얼의 기본 오브젝트를 추가해 램프 상단에 위치시킵니다.

3 프로퍼티 창에서 네온의 강도를 원하는 대로 조절합니다.

3 의자 스크립트 활용하기

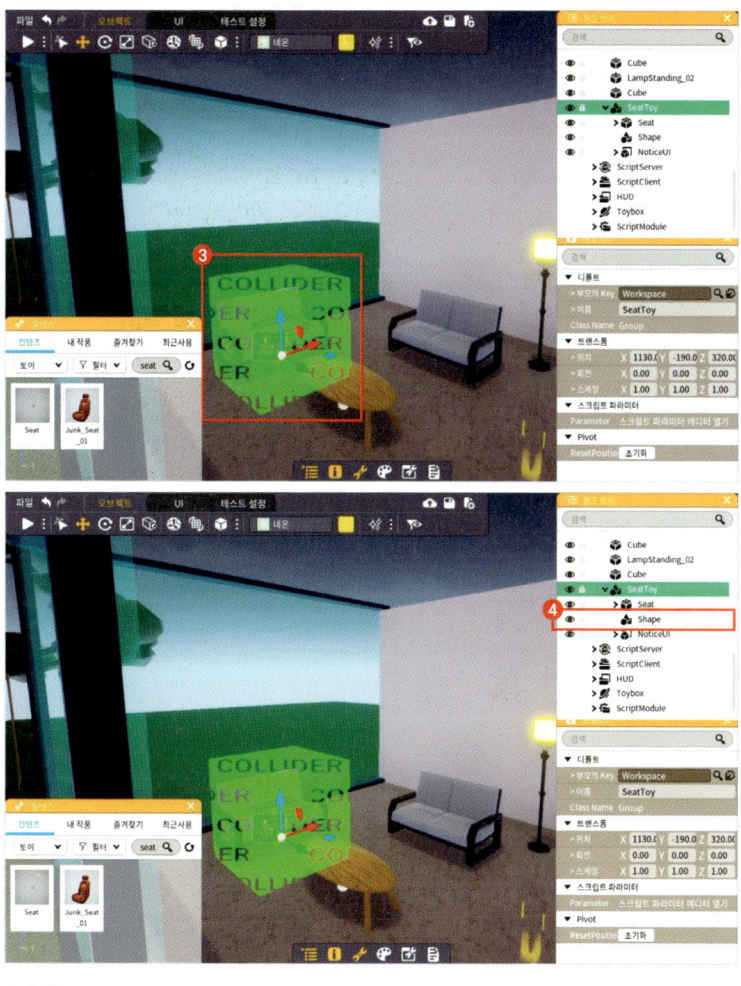

2-118

설명

Seat 토이의 스크립트를 Couch 토이에 적용합니다.

순서

1 툴박스에서 'Seat'을 검색하여 Seat 토이를 생성합니다.
2 월드트리에서 SeatToy의 하위 그룹인 Shape의 하위 항목을 모두 삭제합니다.
3 SeatToy를 앉을 수 있는 소파 위치로 옮겨 줍니다.
4 Couch_01을 Shape 폴더의 하위 항목으로 만들어 줍니다.

4 테스트 플레이하기

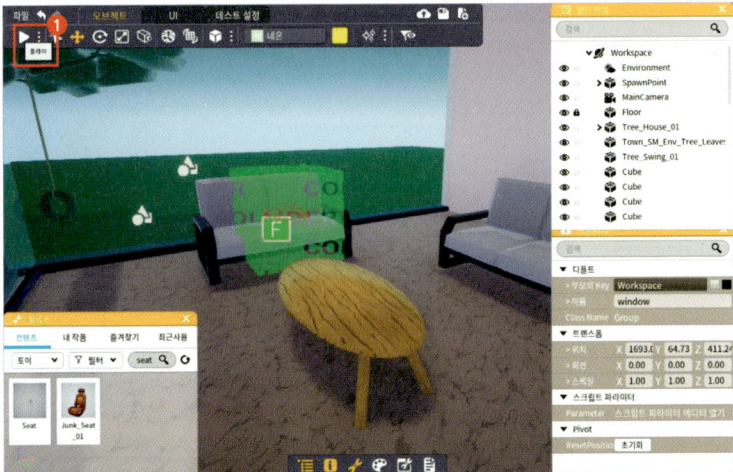

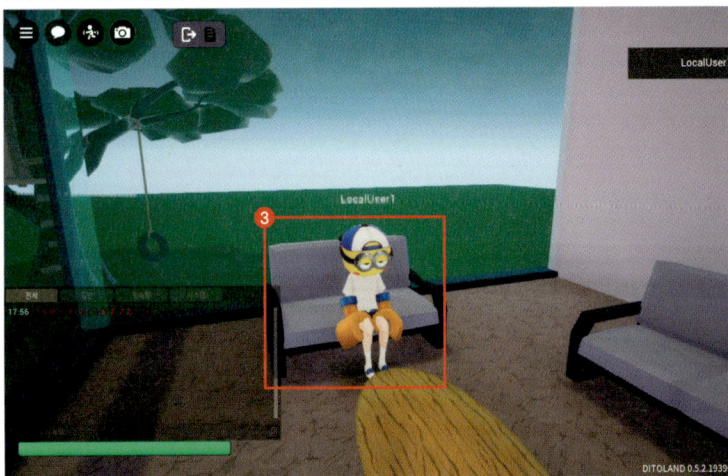

2-119

> **설명**

테스트 플레이로 앉을 수 있는 스크립트 기능이 올바르게 작동하는지 확인합니다.

> **순서**

1. 툴바의 테스트 플레이 버튼을 클릭합니다.
2. 캐릭터를 소파 근처로 이동하면 'F'라는 UI가 나타납니다.
3. F키를 누르면 캐릭터가 소파에 앉고 스페이스바를 눌러 다시 일어날 수 있습니다.

2 스크립트 토이 활용하기

디토랜드 스튜디오의 툴박스에 업로드된 토이에는 사용자가 직접 만들어서 올린 단순한 오브젝트도 있지만, 코딩을 할 줄 아는 사람들이 오브젝트에 스크립트를 추가 작성해 특정한 기능을 가지고 있거나, 특정 동작을 수행하도록 만들어 업로드해 놓은 토이들이 있습니다. 여기에서는 그 토이를 스크립트 토이라고 부를 예정입니다. 스크립트 토이를 활용하면 코드를 모르는 사람들도 원하는 기능이나 동작을 클릭 한 번으로 쉽게 메타버스에서 활용하고 배치할 수 있답니다.

앞서 토이룸을 살펴본 것을 기억하시나요? 토이룸에서 보았던 토이들이 바로 스크립트 토이이며 특정 기능을 가지고 있는 토이입니다. 물론 이 토이들의 스크립트 에디터를 열어 작성된 코드들을 살펴볼 수 있고, 앞서 배운 파라미터값을 변경하여 사용할 수도 있습니다. 스튜디오 화면에서 토이룸의 Kill Box 토이를 열어 자세히 살펴보겠습니다.

Kill Box 토이는 말 그대로 메타버스 내에 미니 게임 등을 만들 때 자주 쓰이는 토이입니다. 몇몇 게임에서는 필수적인 기능이기도 합니다. 월드트리를 열어 Kill Box를 찾아보면 해당 토이가 여러 개의 오브젝트로 이뤄진 것을 확인할 수 있습니다. 그리고 그중에서 Sever Script를 클릭하면 이 토이의 기능이 어떤 스크립트로 작동되는지도 확인할 수 있습니다.

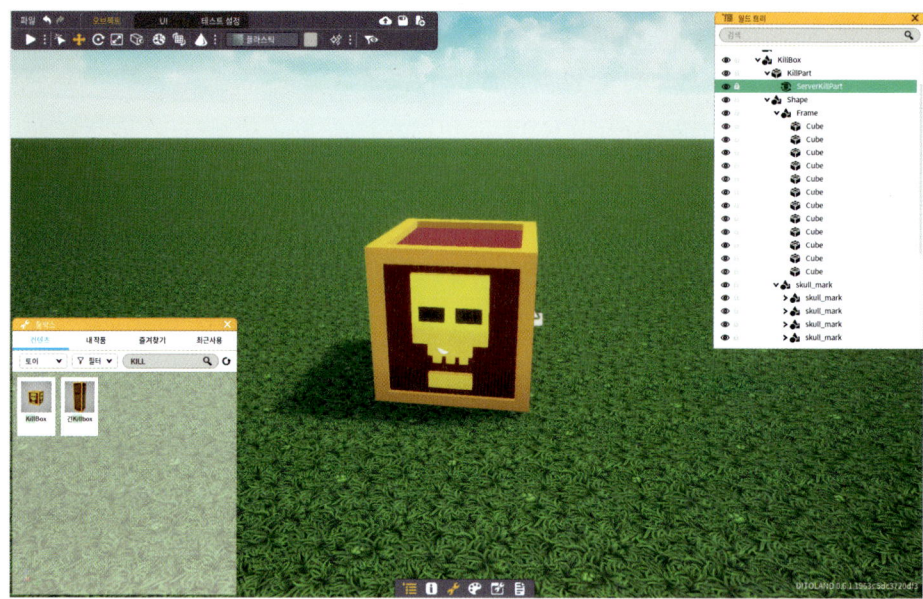

2-120

　물론 토이룸에서 미리 확인해 보았다면, 해당 토이가 캐릭터의 목숨(life)에 영향을 준다는 것을 알고 있을 것입니다. 여기에는 캐릭터가 닿으면 캐릭터에게 대미지(damage)를 주는 스크립트가 포함돼 있습니다. 다른 여러 게임을 진행하다 보면 캐릭터가 무언가에 닿았을 때 HP[38]가 0이 되어 바로 죽는 경우[39]도 있고, 혹은 대미지가 쌓이고 쌓이다가 죽는 등 다양한 경우가 발생합니다. 이런 차이는 스크립트 에디터(Script Editor)를 열어 스크립트를 수정하여 변화를 줄 수 있습니다. 혹은 앞서 배운 스크립트 파라미터만 사용해도 쉽게 바꿔서 다양하게 응용할 수 있습니다.

---

[38] Hit Point 혹은 Health Point의 두문자어로 비디오 게임에서 체력을 나타내는 말로 쓰인다.
[39] 물론 이때에는 기본적으로 캐릭터의 체력(HP)이 0이 되면 전체 플레이에서 사망으로 처리하는 함수가 전체 서버 스크립트의 캐릭터 세팅에 작성되어 있는 경우에 사망 처리가 된다.

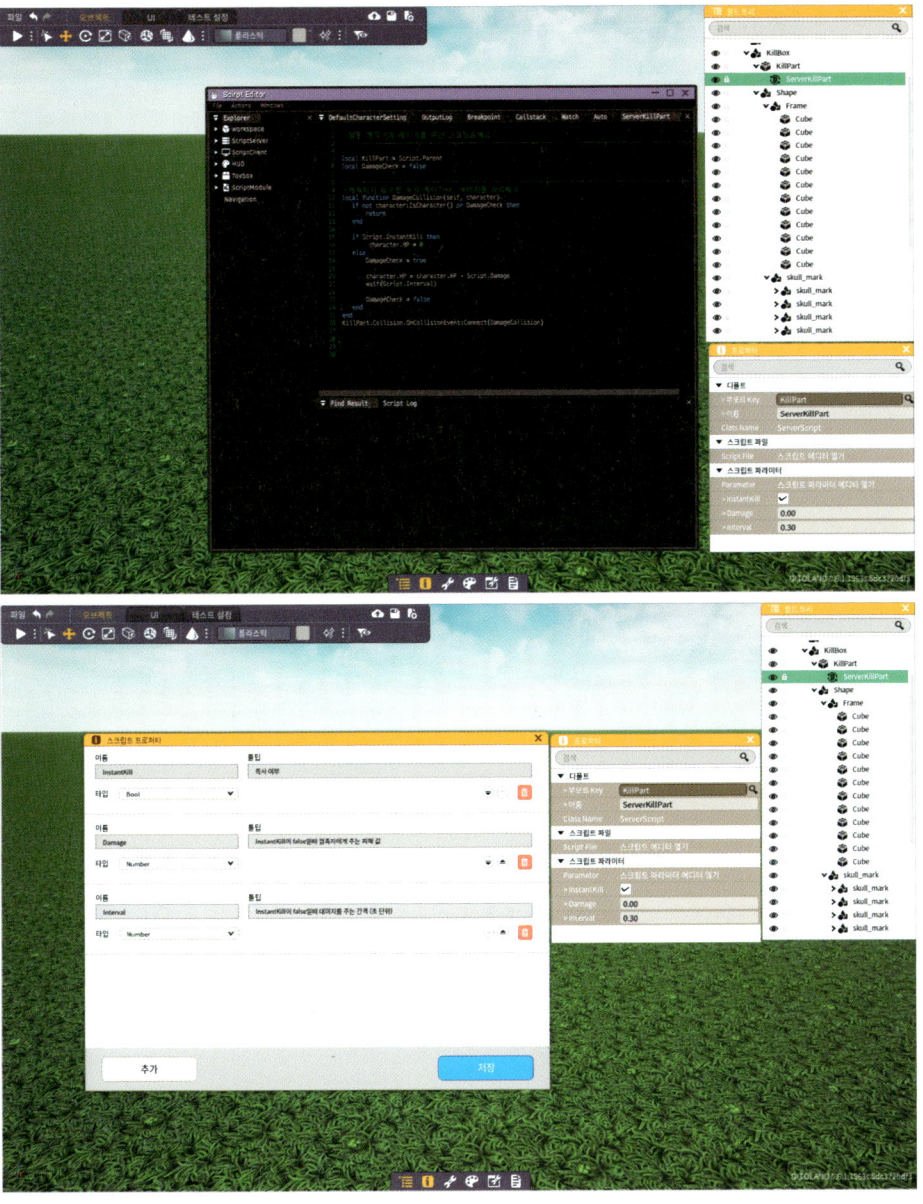

2-121

  이렇게 스크립트나 속성, 파라미터의 값을 수정하여 토이를 다양하게 활용하는 방법도 있지만, 토이의 스크립트 기능을 다른 외형의 오브젝트 또는 토이에 적용하는 것도 가능합니다. 예를 들어 물에 빠지면 캐릭터의 대미지에 영향을 주고 싶다면, 물 머터리얼을 적용한 오브젝트에 Kill Box에 있는 스크립트를 적용하면 됩니다. 이 경우 캐릭터는 물에 닿으면 Kill Box에 닿았던 것과 똑같이 대미지를 입게 됩니다. 그렇다면 스크립트 에디터에 적힌 모든 코드를 그대로 써야 하는 걸까요? 디토랜드 스튜디오에서는 이 부분을 편하게 적용하기 위해 월드트리 항목을 그대로 복사할 수 있게 만들어 놓았습니다. 월드트리 Kill Box 하위의 Kill Part에 포함된 Sever Script라는 항목을 복사하거나 이동하여 다른 오브젝트의 하위에 넣기만 해도, 겉모습이 다른 나만의 Kill Box를 만들 수 있는 것입니다.

실습: Ladder(사다리)토이 스크립트 응용하기

이번 실습에서 Ladder토이에 포함된 오르기 기능을 다른 오브젝트에 적용해 보겠습니다. 실습을 따라 해 보며 스크립트 토이를 응용하는 방법을 자세히 익혀 보도록 합시다. 여기에서는 사다리에 있는 Ladder Area(사다리 영역)와 해당 오브젝트에 포함된 SeverScipt와 ClientScript를 다른 토이로 이동해 오르기 기능이 없는 토이도 사다리를 타듯 오를 수 있게 만들어 볼 예정입니다. 이 기능을 메타버스에 응용하면 현실에서 오를 수 있는 벽, 나무는 물론 영화처럼 유리창을 타고 오르거나 상상에서 가능한 물기둥을 타고 오르게 만들 수 있습니다. 물론 Ladder 토이 외에도 토이룸의 다른 토이를 같은 방법으로 응용할 수 있습니다.

1 토이 불러오기

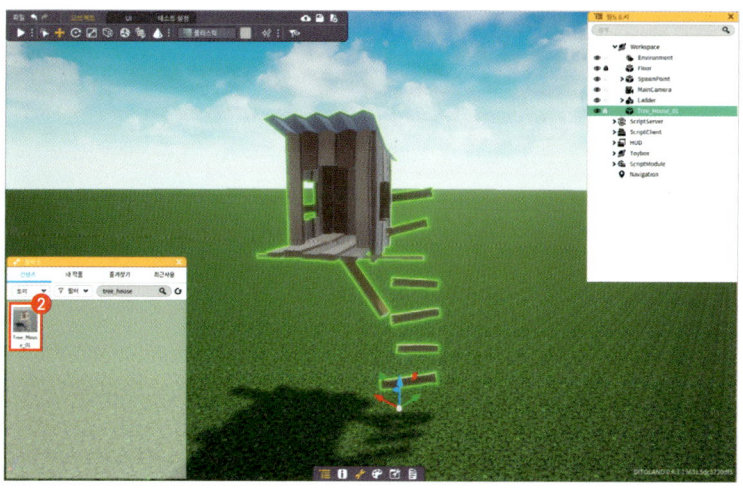

2-122

> 설명

Ladder토이와 Tree_Hous_01 토이를 불러옵니다.

> 순서

1. 툴박스에서 'Ladder'를 검색하여 그림과 똑같은 토이를 화면에 생성합니다.
2. 툴박스에서 'tree_house'를 검색하여 그림과 똑같은 토이를 화면에 생성합니다.

2 스크립트 기능 옮기기

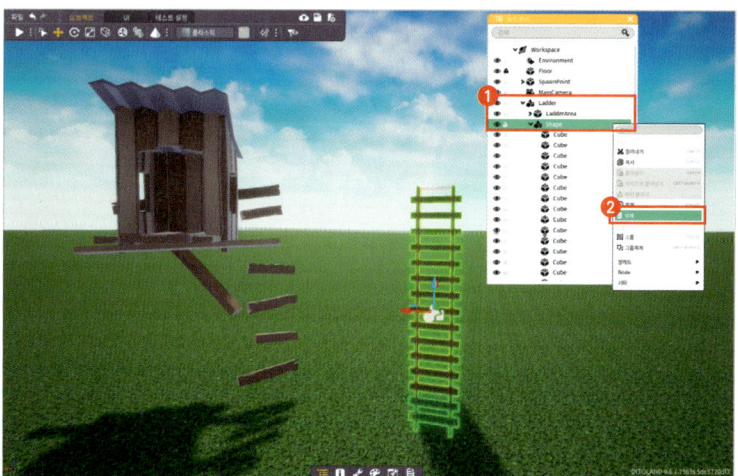

2-123

설명

Ladder Area에 할당된 오르기 기능을 Tree_Hous_01로 옮겨 줍니다.

순서

1 Ladder 토이를 클릭하고 월드트리에서 하위 항목을 열어 줍니다.
2 Ladder 토이 하위의 Shape 항목을 우클릭하여 전부 삭제해 줍니다.

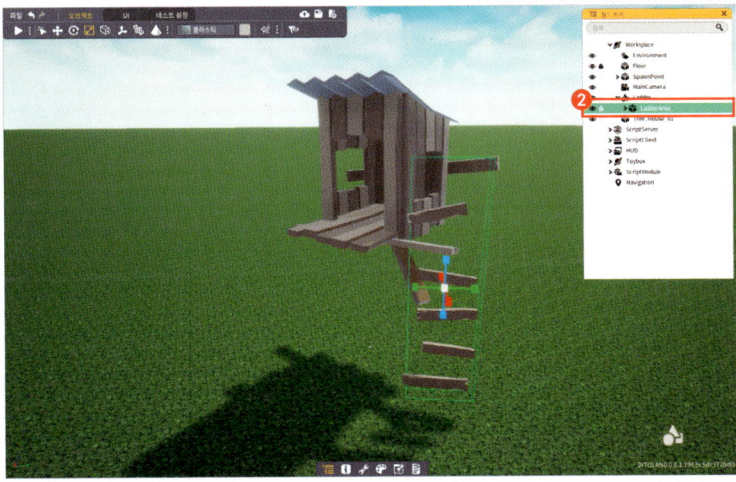

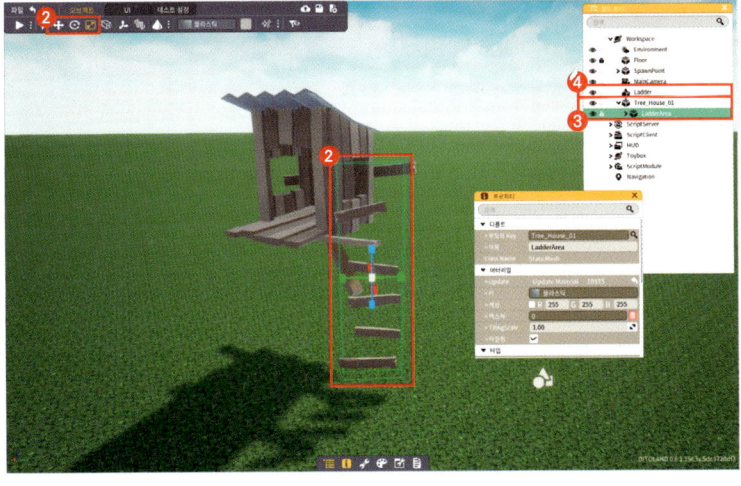

2-124

설명

Ladder Area에 할당된 오르기 기능을 Tree_Hous_01로 옮겨 줍니다.

순서

1. Shape를 삭제하면 사다리 모양의 외형이 사라지고 스크립트 영역인 LadderArea 항목만 남게 됩니다.
2. 해당 항목을 더블클릭하여 메뉴바의 이동, 회전, 크기 변경 기능을 이용해 tree_house의 사다리에 알맞게 배치해 줍니다.
3. 위치를 조정한 후에는 월드트리에서 LadderArea 항목을 tree_House로 이동해, tree_house 하위 항목으로 만들어 줍니다.
4. 내용을 삭제하고 이동하여 그룹의 형태로만 남은 Ladder 항목은 우클릭하여 삭제해 줍니다.

3 테스트 플레이하기

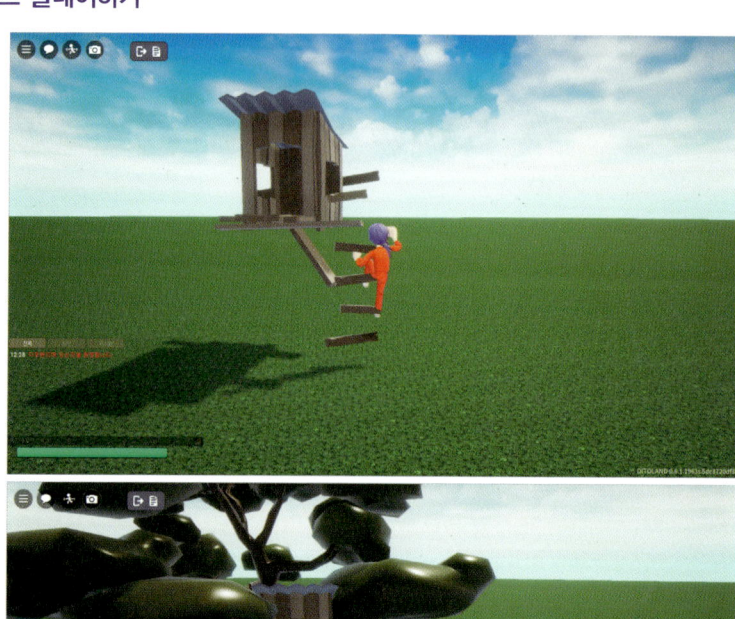

2-125

> 설명

테스트 플레이하여 잘 작동하는지 확인합니다.

> 순서

1. 툴바의 테스트 플레이 버튼(F5)을 클릭합니다.
2. 캐릭터가 tree_house의 사다리에 오를 수 있는지 테스트해 봅니다.
3. 잘 작동하면 툴박스에서 'tree'를 검색해 어울리는 토이를 불러와 완성된 형태의 Tree House로 만들어 줍니다.

3 제작 가이드 및 샘플맵 활용하기

디토랜드에서는 비개발자를 위한 교육용 사이트[40]도 운영하고 있지만, 개발자들이 참고하기 좋은 제작가이드[41]도 제공하고 있습니다. 제작가이드에서는 디토랜드 스튜디오 및 디토랜드 메타버스 콘텐츠 제작 전반에 관련한 정보들을 상세히 설명하고 있습니다. 디토랜드 제작가이드는 디토랜드 홈페이지 상단 메뉴 중 고객 지원 탭을 클릭해 확인할 수 있습니다.

이외에도 고객 지원 탭에 있는 여러 가지 항목을 통해 디토랜드로 메타버스를 제작할 때 필요한 다양한 팁을 얻고, 문제를 해결하는 데 도움을 구할 수 있습니다.

2-126

각 기능의 사용법과 디토랜드 스튜디오 작업 효율을 높이는 팁, 영상 튜토리얼은 물론 API 레퍼런스 등 루아 스크립트 관련 내용도 포함되어 있습니다. 이외에도 기존 유니티 유저들을 위한 가이드나 로블록스 유저들 대상으로 한 가이드도 준비

---

40 edu.ditoland.com
41 https://ditoland-utplus.gitbook.io/ditoland

되어 있습니다. 또한, 샘플맵을 업로드하여 추가 스크립트 작성을 통해 다양한 활용이 가능하답니다.

Sample
디토랜드의 기능들이 어떻게 동작하는지 확인할 수 있는 샘플 맵이에요.

Here are the articles in this section:

- Scripting
- Collision & Physics
- UI
- Input
- Sound
- Event
- Transform
- Camera
- FX

2-127

    디토랜드의 샘플맵은 9개로 분류되어 있습니다. 각 내용을 클릭하여 들어가면 해당 내용과 관련된 예제들이 있고, 예제를 다운받아 스튜디오에서 열어서 작성된 코드를 확인할 수 있답니다. 각 샘플맵 하단에는 어떤 예제인지 설명이 되어 있기 때문에 잘 살펴보면서 필요한 내용을 다운받아 실제 스튜디오에서 어떻게 활용되는지 확인해 보면 좋겠지요?

    이뿐만 아니라 디토랜드의 업데이트 소식도 제작가이드를 통해 확인 가능합니다. 업데이트 시 수정되거나 추가되는 내용이 있기 때문에 정보가 무궁무진합니다. 그렇기 때문에 꼭 접속해서 확인해 보는 것을 권장합니다. 특히 제작가이드 목록의 가장 하단에는 릴리스 노트(Release Note)를 확인하면 업데이트 내용을 쉽게 확인할 수 있답니다. 실시간으로 발생한 이슈나, 앞으로의 버그 수정방향들도 함께 볼 수 있으니 업데이트가 진행될 때마다 필수로 확인해야 합니다.

Release Note 0.6.1 - Notice

Release Date : 2022. 5. 26

안녕하세요, 디토랜드 개발팀입니다.

5/26 부터 인디크래프트 2022 행사에 맞추어 몇가지 주요 오류 수정을 포함한 업데이트를 하게 되었습니다.

즐거운 행사 되시기를 바라며 최선을 다하는 디토랜드 개발팀이 되겠습니다.

감사합니다.

Bug Fixes

- 월드 입장 시 "접속 중 입장할 월드를 찾지 못했습니다." 라는 팝업이 간헐적으로 출력되던 현상이 수정되었어요.
- 캐릭터가 떨어지고 있는 것처럼 애니메이션 재생되는 현상이 수정되었어요.
  (완벽하진 않아요. 조금만 더 기다려주세요. 😅)
- 여러 명이가 동시에 다른 랜드로 텔레포트를 시도하면 응답이 없던 현상이 수정되었어요.
- 플레이스의 공유 링크를 눌러 플레이스로 이동하지 않던 현상이 수정되었어요.
- 버전이 잘못 표시되고 있던 현상이 수정되었어요.
- 🐻Youtube 객체에서 라이브 방송이 재생되지 않고, 간헐적으로 종료되는 이슈가 수정되었어요.
- 스튜디오 UI 일부 오류가 수정되었어요.
- WebForum 에서 연결된 서버 오류가 수정되었어요.
- 스튜디오 실행, 월드트리의 [Navigation] 클릭 -> 프로퍼티 값을 변경하게 되면 종료되는 현상이 수정되었어요. 😅
- 갤럭시 노트 10에서 특정 월드 입장 시 앱이 종료되는 현상이 수정되었어요.

Release Note 0.6.1 - Notice
Release Note 0.6.0 - Notice
Release Note 0.5.4 - Notice
Release Note 0.5.3 - Notice
Release Note 0.5.2 - Notice
Release Note 0.5.1 - Notice
Release Note 0.5.0 - Notice
Release Note 0.4.0 - Notice
Release Note 0.3.7 - Notice
Release Note 0.3.6 - Notice
Release Note 0.3.5 - Notice
Release Note 0.3.0 - Notice
Release Note 0.2.0 - Notice
0.1.7
DitoLand
DitoLand Platform
0.1.6
DitoLand Platform
0.1.5
DitoLand Platform
0.1.4
DitoLand
DitoLand Platform
0.1.3
DitoLand
DitoLand Platform
0.1.2
DitoLand
DitoLand Platform
0.1.1

2-128

실습 NPC 기능 활용하기

    지금부터는 제작가이드 목록 중 Manual 하단의 NPC 기능에 대한 실습을 같이 진행해 보겠습니다. 만약 내가 만든 디토랜드 메타버스 콘텐츠에 안내자가 필요하다면 어떻게 해야 할까요? 디토랜드 스튜디오의 NPC를 사용하면 행사장의 인포데스크 혹은 게임의 특정 상황이나 위치에서 콘텐츠 진행을 원활히 해 주는 역할을 한답니다. 제작가이드의 Manual 하위 항목에서 NPC를 클릭해 샘플맵과 사용법을 확인할 수 있습니다. 디토랜드 스튜디오에서 NPC의 이름과 대사를 수정하는 실습을 진행해 봅시다.

1 NPC 샘플맵 다운로드하기

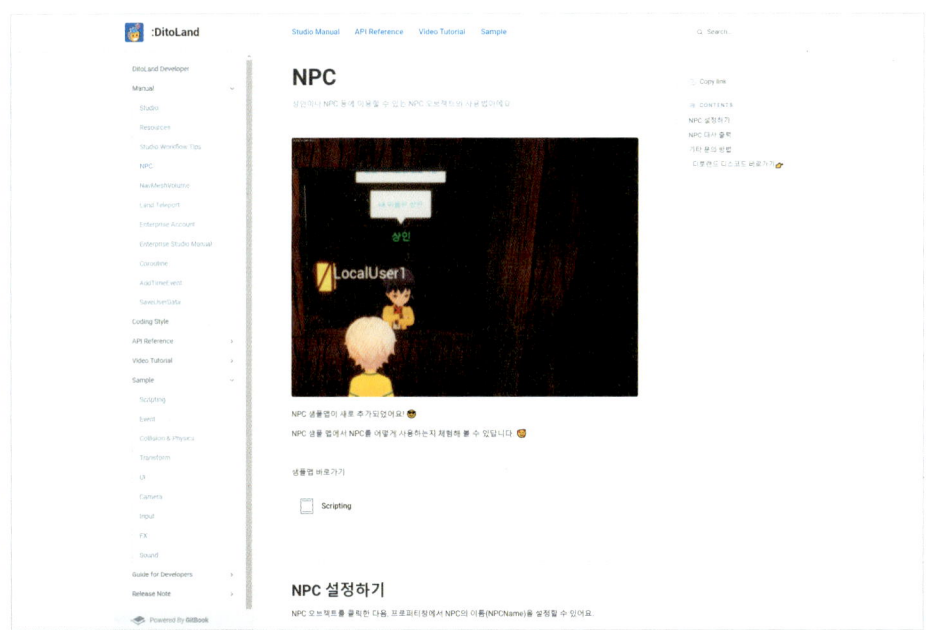

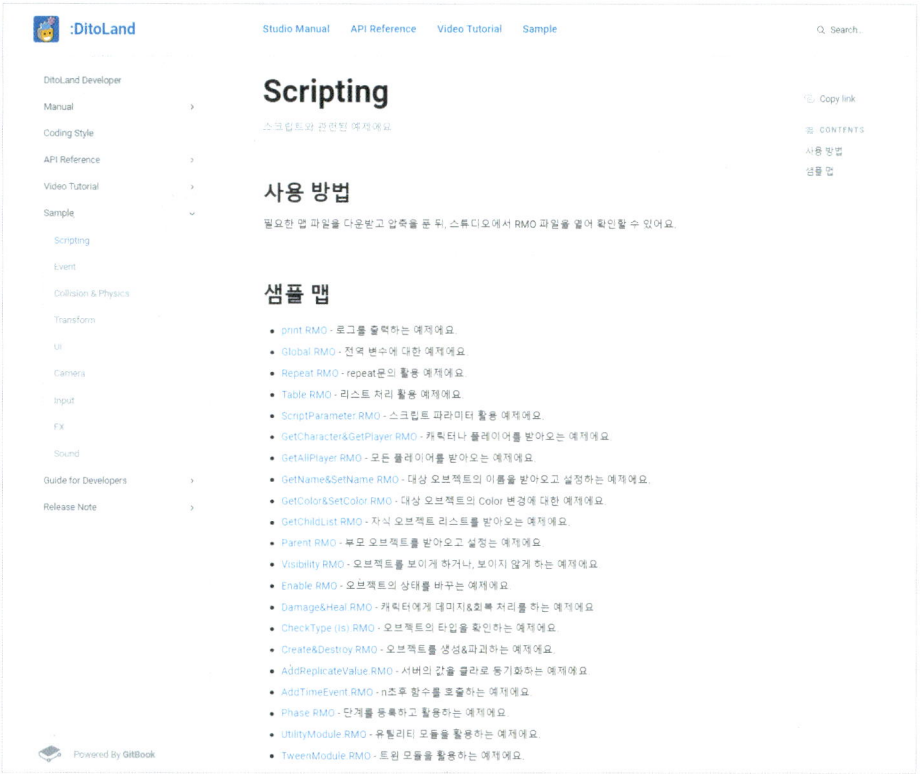

2-129

설명

디토랜드 제작가이드에서 NPC 샘플맵을 다운로드합니다.

순서

1. 웹 브라우저로 디토랜드 제작가이드(https://ditoland-utplus.gitbook.io/ditoland/)에 접속합니다.
2. 좌측 메뉴에서 'Manual'을 클릭하고 드롭다운 메뉴의 'NPC'를 선택합니다.
3. 샘플맵 바로가기 하단의 'Scripting' 버튼을 클릭해 NPC 샘플맵을 다운받습니다.

2 디토랜드 스튜디오에서 NPC 샘플맵 불러오기

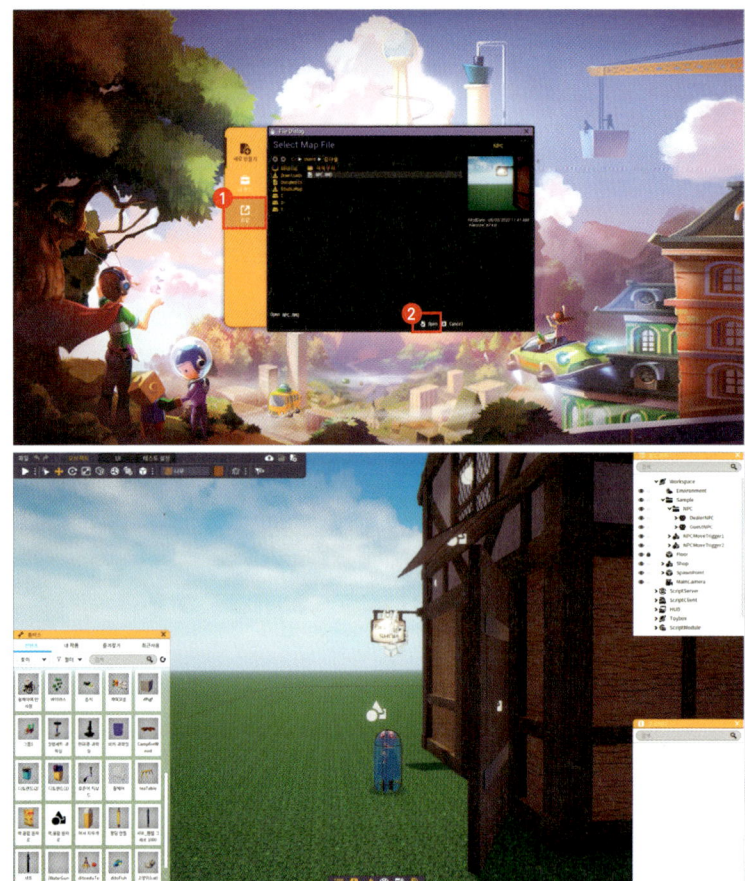

2-130

설명

디토랜드 스튜디오에서 NPC 샘플맵을 불러옵니다.

순서

1. 디토랜드 스튜디오 시작화면에서 '로컬'을 선택하고 NPC 샘플맵을 저장한 위치로 이동합니다.
2. NPC.RMO 파일을 선택하고 'Open'을 클릭합니다.

3 NPC 샘플맵 테스트 플레이하기

2-131

> **설명**

테스트 플레이를 실행해 NPC가 어떻게 작동하고 있는지 확인합니다.

> **순서**

1 툴바 좌측의 테스트 플레이 버튼을 클릭합니다.
2 테스트 플레이로 NPC가 어떻게 작동하고 있는지 확인합니다.

4 NPC 이름 바꾸기

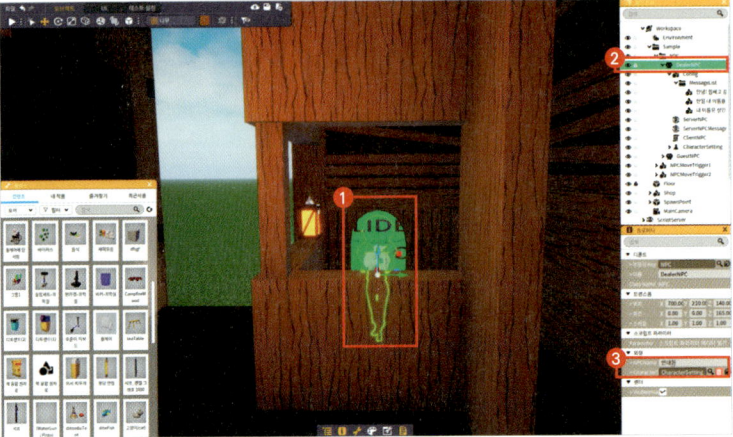

2-132

설명

상인 NPC의 이름을 수정합니다.

순서

1 상인 NPC를 선택합니다.

2 월드트리에서 'DealerNPC'가 선택되었는지 확인합니다.

3 프로퍼티 창의 'NPCName'을 변경합니다.

5 NPC 출력 메시지 변경하기

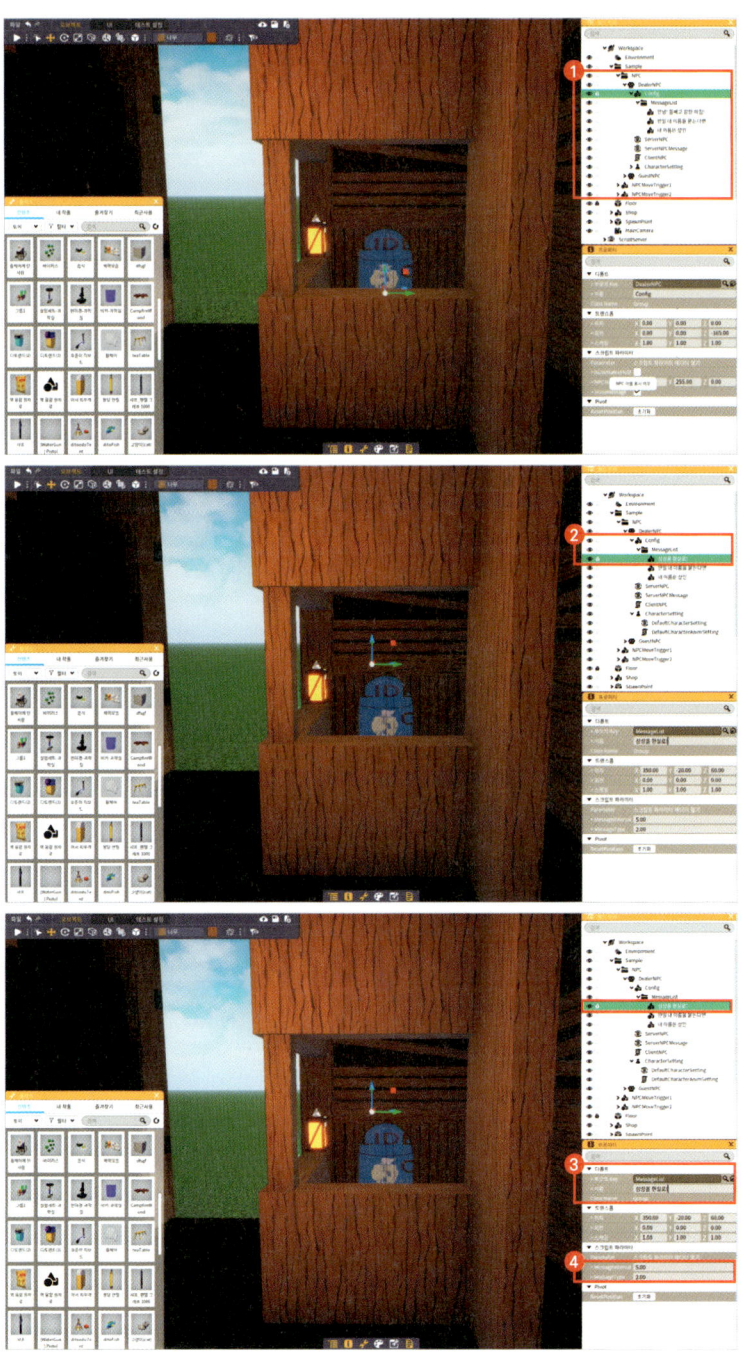

2-133

설명

NPC의 MessageList를 수정합니다.

순서

1. 월느트리에서 DealerNPC의 드롭다운 메뉴를 열어 줍니다.
2. Config의 하위 항목인 MessageList 안에 있는 메시지 항목을 클릭합니다.
3. 프로퍼티 창의 '이름'에 원하는 대사를 입력합니다.
4. 'MessageInterval'의 값을 변경해 대사 출력 간격을 초 단위로 바꿀 수 있으며, 'MessageType'의 값을 [0: 채팅창에만 표시, 1: 말풍선에만 표시, 2: 모두 표시]로 바꿀 수 있습니다.

6 NPC 애니메이션 테마 및 의상 바꾸기

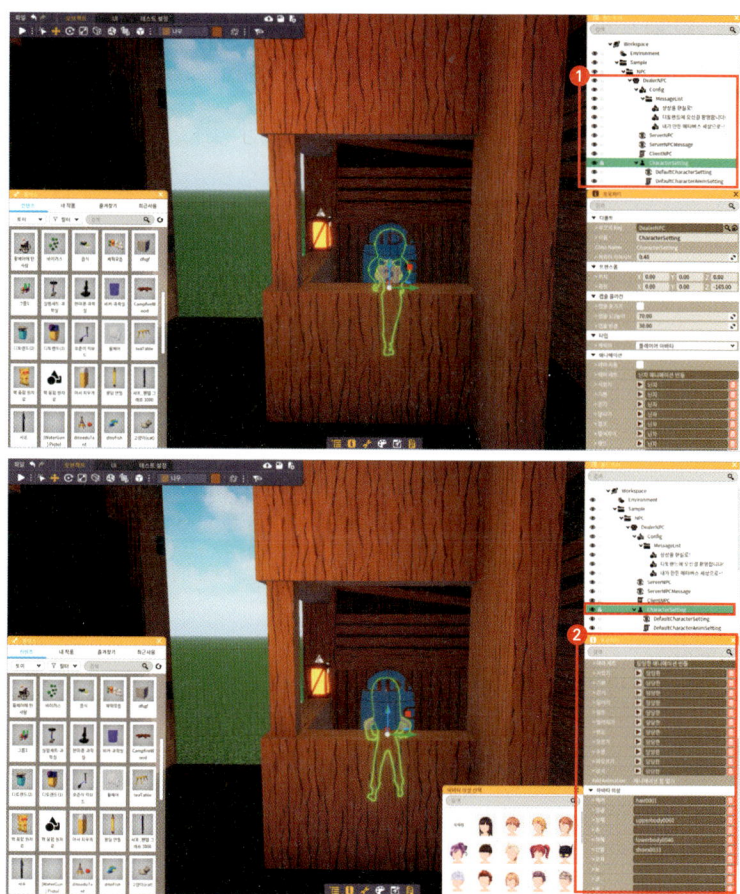

2-134

설명

CharacterSetting의 애니메이션 테마 및 아바타 의상을 변경합니다.

순서

1 월드트리에서 DealerNPC의 CharacterSetting을 선택합니다.
2 프로퍼티 창에서 애니메이션 테마 및 아바타 의상을 변경합니다.

7 테스트 플레이로 변경된 설정 확인하기

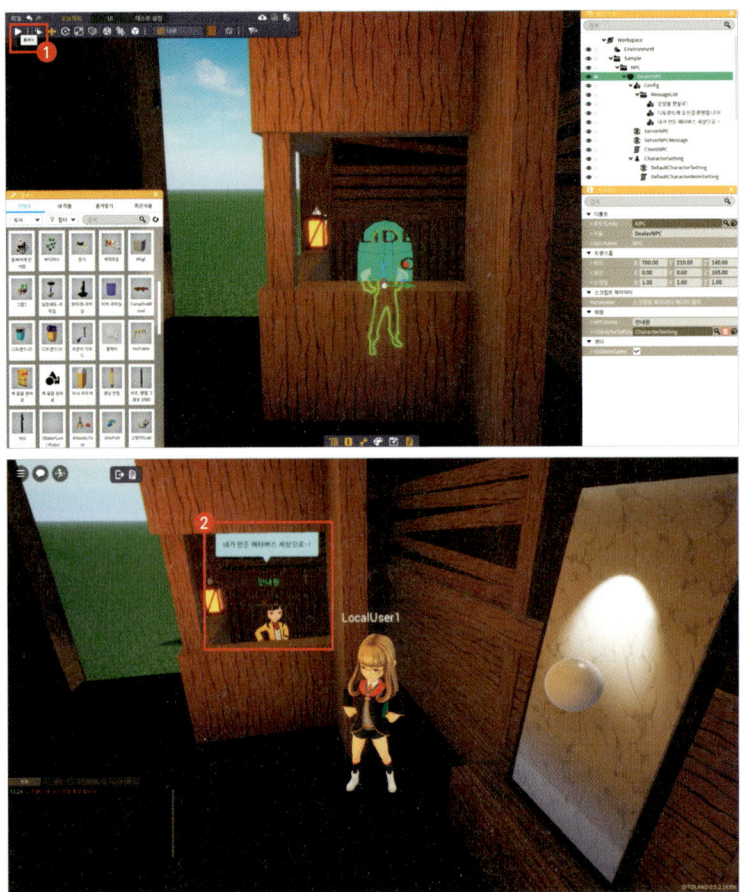

2-135

> **설명**

변경한 설정이 반영되었는지 테스트 플레이로 확인합니다.

> **순서**

1. 툴바 좌측의 테스트 플레이 버튼을 클릭해 테스트 플레이를 실행합니다.
2. 변경사항이 잘 적용되었는지 확인합니다.

실습 영상 업로드하기

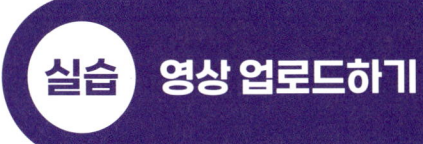

　디토랜드 메타버스 콘텐츠에 영상을 업로드할 수 있다는 사실 알고 계셨나요? 디토랜드 Enterprise Account(엔터프라이즈 계정)으로 디토랜드 스튜디오에 로그인하면 YouTube 오브젝트를 추가하여 유튜브 영상을 삽입할 수 있습니다. 웹 브라우저로 디토랜드 제작가이드에 접속하여 좌측 Manual 목록의 Enterprise Account를 통해 Enterprise 가입 신청 절차를 확인할 수 있습니다. 엔터프라이즈 계정은 자동 승인이 아닌 별도의 승인 절차를 거쳐야 사용 가능합니다. Enterprise 스튜디오 사용법은 하위 항목의 Enterprise Studio Manual에 안내되어 있습니다. 그럼 디토랜드 Enterprise 스튜디오에서 유튜브 영상을 삽입하는 방법을 함께 실습해 봅시다.

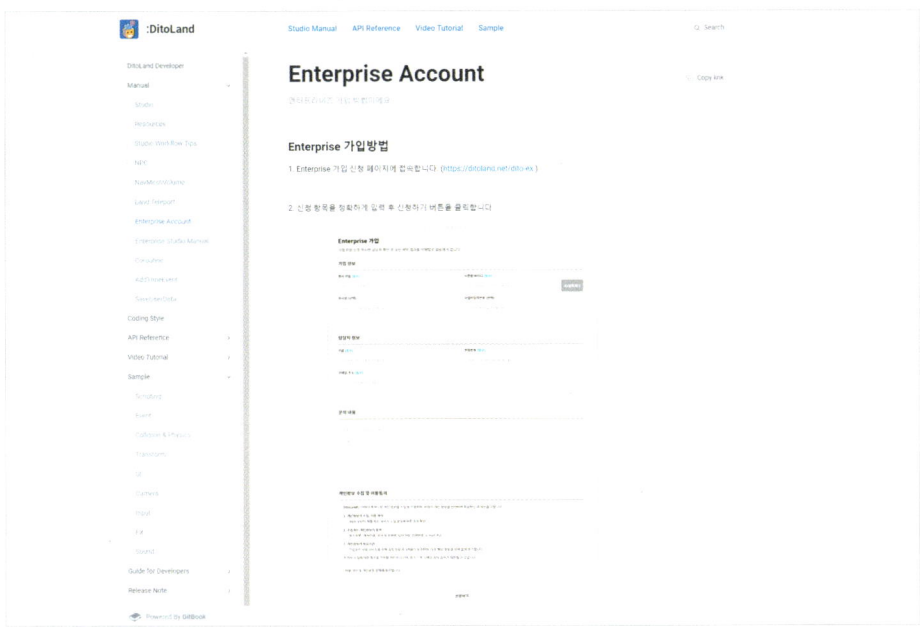

2-136

1 YouTube 오브젝트 추가하기

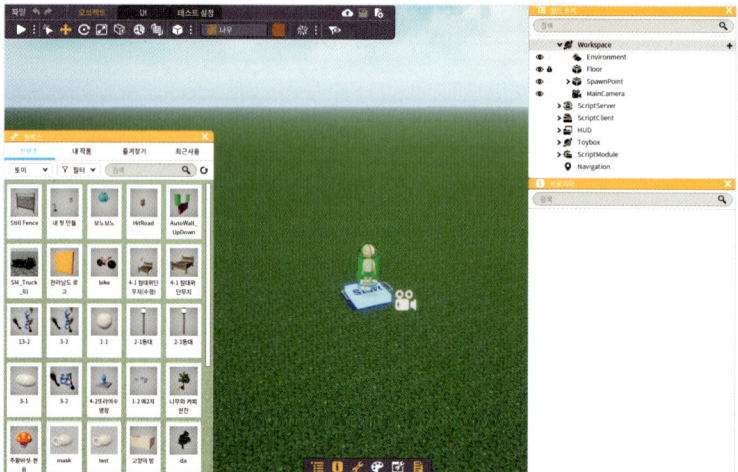

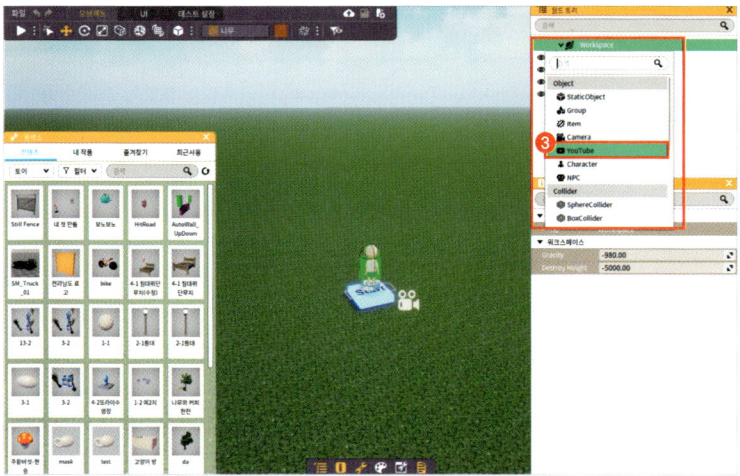

2-137

설명

월드트리에서 유튜브 오브젝트를 추가합니다.

순서

1. Enterprise 계정으로 디토랜드 스튜디오에 로그인합니다.
2. 작업할 맵 파일을 엽니다.
3. 월드트리의 Workspace에 마우스 커서를 대고 우측에 나타난 '+' 버튼을 클릭한 후 'YouTube' 오브젝트를 선택해 추가합니다.

2 YouTube 링크 추가하기

2-138

> 설명

삽입하고 싶은 유튜브 영상의 링크를 추가합니다.

> 순서

1. 월드트리에서 'YouTube'를 선택합니다.
2. 프로퍼티 창의 URL 항목에 원하는 유튜브 링크를 추가합니다.
3. 'PlayOnOpen'와 'Looping'의 체크박스를 통해 플레이 시 자동 재생과 반복 기능을 설정할 수 있습니다.
4. 이외에도 'Quality' 항목을 통해 영상의 해상도를 조절하거나 'YouTube Player'를 통해 유튜브 영상을 미리 재생해 볼 수 있습니다.

3 화면의 위치 및 크기 조절하기

2-139

> 설명

유튜브 오브젝트의 위치 및 크기를 수정합니다.

> 순서

1. 월드트리에서 YouTube를 선택하고 원하는 위치로 옮깁니다.
2. 크기 조절이 필요하다면 스케일 모드를 이용해 크기도 수정해 줍니다.

4 테스트 플레이로 설정 확인하기

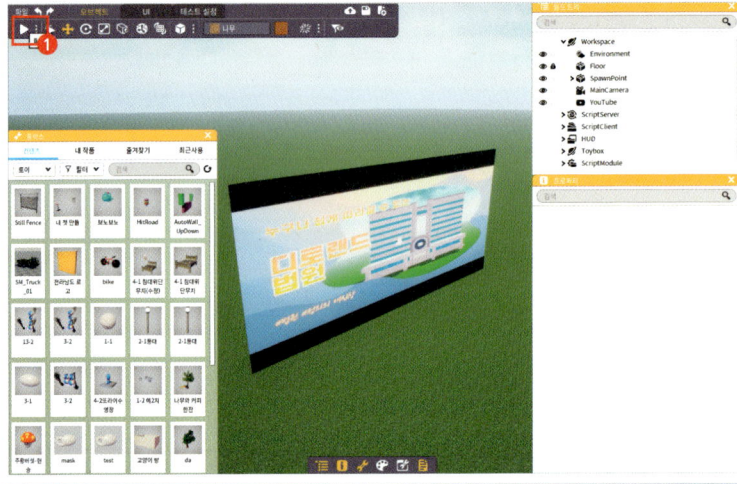

2-140

설명
테스트 플레이를 통해 유튜브 재생 및 설정이 잘 반영되었는지 확인합니다.

순서
1 메뉴바 좌측의 테스트 플레이 버튼을 눌러 테스트 플레이를 실행합니다.
2 유튜브 영상 재생 및 기타 설정이 원하는 대로 반영되었는지 확인합니다.

3.3 메타버스 출시하기

1 알파 테스트와 베타 테스트

내가 만든 메타버스 콘텐츠는 어떻게 테스트하고 출시할까요? 디토랜드 스튜디오에서 만든 메타버스가 제대로 작동하는지 계속해서 확인하면서 작업했던 것처럼, 정식 출시를 하기 전에 개발된 콘텐츠를 테스트해 보는 것을 크게 알파 테스트와 베타 테스트로 나눠 볼 수 있습니다.

알파 테스트는 게임이 만들어지는 과정에서 가장 처음 하는 테스트로, 비공개로 진행하고 개발사에서도 극소수만 참여합니다. 이것은 내부적으로 하게 되는 1차 검증으로, 주로 치명적인 결함이 없는지 등 핵심 시스템 및 내부적인 개발 기준에 관한 테스트라고 할 수 있습니다. 베타 테스트는 알파 테스트를 거친 후 정식 서비스 전에 하는 테스트로, 누구나 참여할 수 있고 문제점을 찾아 개선할 수 있는 기회입니다. 이것은 실제 대중에게 공개하기 전 성공적인 출시 및 서비스를 위해 외부 사용자로부터 미처 확인되지 않은 결함이 있는지 피드백을 받기 위해서도 사용됩니다. 또한, 베타 테스트는 베타 테스터들을 통한 홍보 효과를 기대할 수 있습니다. 베타 테스트를 통해 충분한 흥미를 줄 수 있다면 테스트에 참여한 사용자로부터 공유된 긍정적 피드백으로 더 많은 관심과 호응을 이끌 수 있고 정식 출시 후에 방문할 가능성도 높아집니다.

이러한 테스트 프로세스를 거쳐 발견된 문제들은 출시 전 수정하고 보완해 완벽히 작동할 수 있도록 합니다. 디토랜드 스튜디오의 테스트 플레이를 통해 내가 만든 메타버스 콘텐츠가 오류 없이 잘 실행된다면 어떻게 출시할 수 있는지 알아보도록 합시다.

2 메타버스 출시 및 업데이트

디토랜드 스튜디오에서 직접 만든 메타버스를 간단하게 등록(publish)하면 다른 사람들에게 보이도록 출시됩니다. 앞서 언급한 내용처럼 등록을 한 후 비공개 설정 또는 뒤에 나올 그룹 공개를 통해 스스로 또는 원하는 사람들과 모여 쉽게 테스트해 볼 수 있습니다. 물론 이런 테스트를 통해 디토랜드에 직접 만든 메타버스를 등록했어도, 모든 것이 끝나는 게 아닙니다. 출시 후 기능을 추가하거나 세팅을 바꿔야 하는 등 다양한 이유로 업데이트가 필요할 수 있습니다. 업데이트 요소에 따라 다르지만, 업데이트 시에는 기획 단계부터 개발 프로세스 전체를 다시 거치게 됩니다. 업데이트가 기획되었다면 기획 내용은 디자이너와 프로그래머에게 전달되고 개발된 디자인 소스는 프로그래머에게 공유되어 프로그래밍 과정에서 함께 쓰이게 됩니다. 이러한 결과물로 다시 테스트를 진행하고 업데이트 출시를 하게 되는 것입니다. 디토랜드에서 기본적으로 월드를 어떻게 등록하는지, 그리고 업데이트는 어떻게 해야 하는지 알아봅니다.

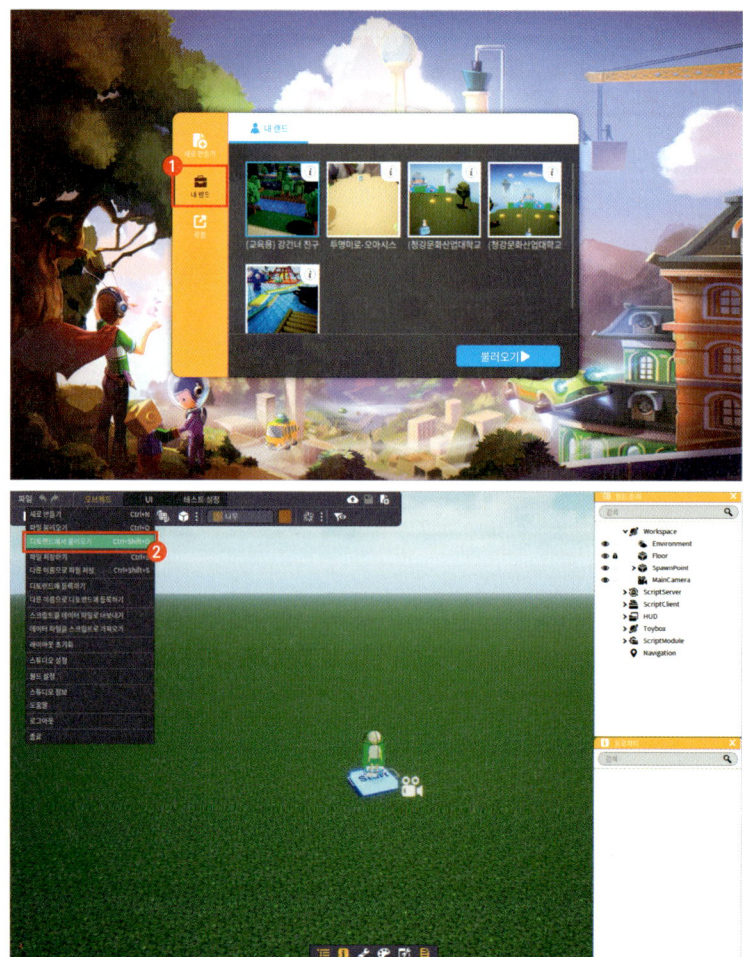

2-141

> 설명

등록할 랜드 또는 업데이트하고 싶은 랜드를 불러옵니다.

> 순서

1. 디토랜드 스튜디오 시작 페이지에서 '내 랜드'를 클릭하거나 메뉴바에서 '파일' – '디토랜드에서 불러오기'를 선택합니다.
2. 등록 또는 업데이트하고 싶은 랜드를 선택하고 '불러오기'를 클릭합니다. RMO파일이 있다면 로컬의 파일을 불러와도 됩니다.

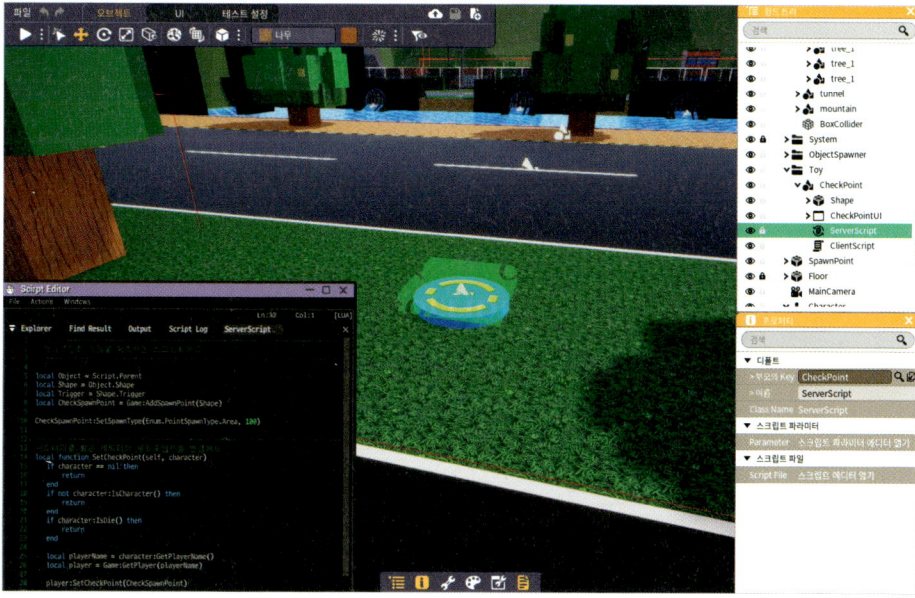

2-142

> 설명

기존 랜드를 수정합니다.

> 순서

1. 기존 랜드에 수정 및 보완할 부분을 반영합니다.
2. 디토랜드 자체 업데이트로 기존 맵이 수정되어야 할 경우 디토랜드 제작 가이드의 릴리즈 노트(https://bit.ly/3khCEWc)를 참고하여 맵을 변경합니다.

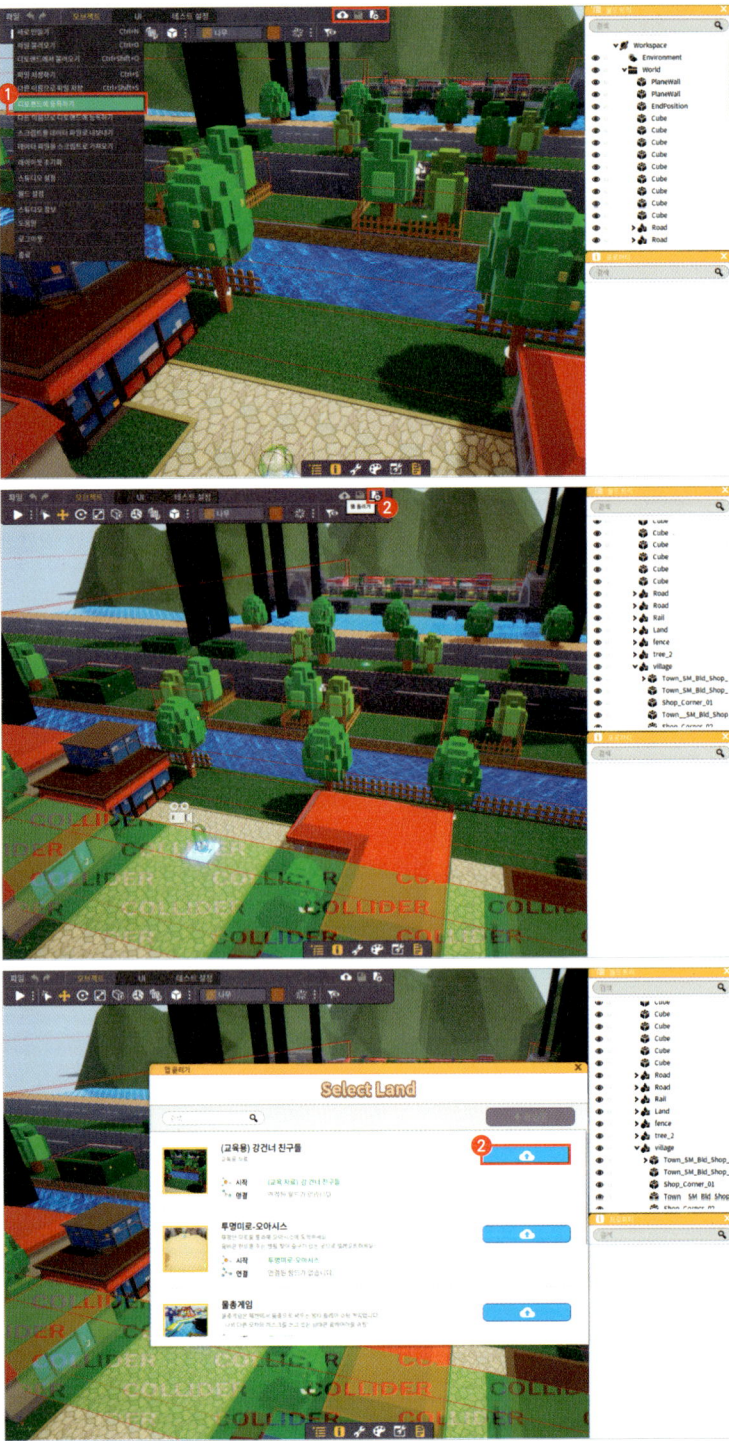

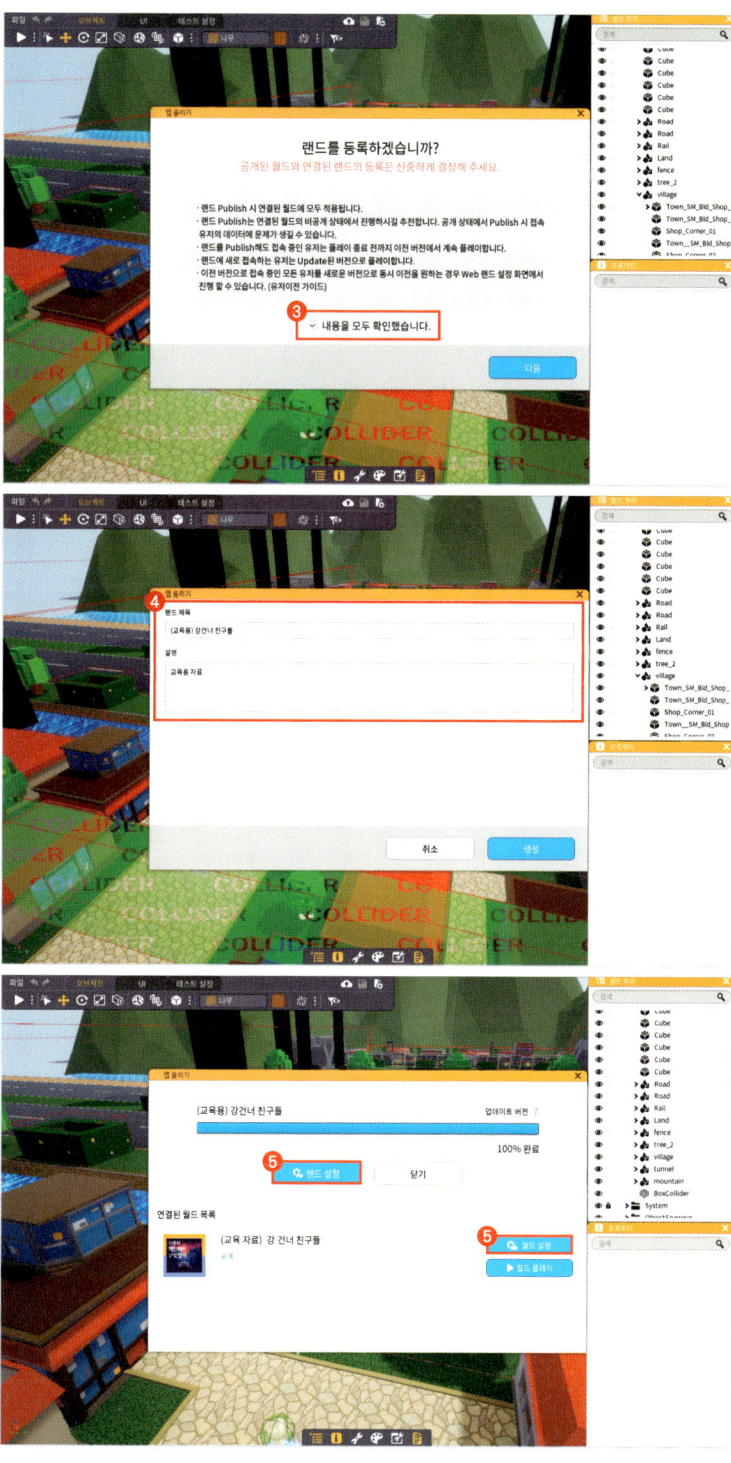

2-143

설명
새로운 버전의 랜드를 업로드합니다.

순서
1. 메뉴바에서 '파일' - '디토랜드에 등록하기'를 클릭하거나 메뉴바 우측 상단의 '맵 올리기' 아이콘을 클릭합니다.
2. 업데이트할 랜드 우측의 '맵 올리기' 아이콘을 클릭합니다.
3. 팝업의 내용을 확인하고 '내용을 모두 확인했습니다.' 체크박스에 체크한 후 '다음' 버튼을 클릭합니다.
4. 랜드 제목 및 설명을 바꾸거나 추가하고 싶은 내용을 반영한 후 '생성' 버튼을 클릭합니다.
5. 업데이트 완료된 사항을 확인합니다. 바꾸고 싶은 정보가 있다면 '랜드 설정' 버튼이나 '월드 설정'을 통해 수정 페이지로 이동할 수 있습니다.

3 디토랜드 그룹 기능 사용하기

  디토랜드에서는 그룹 기능을 통해 가상 공간에서 다양한 형태로 유저들과 소통할 수 있습니다. 그룹 기능을 사용하면 특정 유저들과 월드를 관리하거나 의견을 공유하는 것이 가능합니다. 물론 특정한 유저들을 모은 그룹을 먼저 만들어야겠지요? 예를 들어 내가 만든 메타버스를 전체 공개하기 전에 일부 관계자들만 플레이하여 테스트하고 싶다면 어떻게 해야 할까요? 이때 그룹 기능을 통해 월드의 공개 설정을 그룹 공개로 설정하여 그룹에 소속된 유저들만 입장하게 할 수 있습니다. 월드의 공개 여부뿐만 아니라 그룹 자체의 공개 여부, 그룹 가입 시 승인 여부도 상세하게 설정할 수 있어 목적에 맞게[42] 소속 유저들과 그룹을 운영하기 편리합니다.

2-144 디토랜드 그룹 메뉴

---

[42] 부적절한 목적 또는 내용을 기재한 그룹은 신고 또는 관리자 검수에 의해 강제 비공개 처리될 수 있다. 이때, 재공개는 그룹 정보 수정 후 공개 요청을 통해 관리자 검수 후 가능하다.

위의 모든 설정은 그룹 관리 권한이 있는 멤버가 설정할 수 있고, 이외에도 그룹에는 그룹 내 멤버 관리, 등급 및 권한, 알림 설정, 소통 관리(방명록), 그룹 활동 로그와 같이 그룹 운영 및 소통에 편리한 기능들이 있습니다.

디토랜드에서는 이미 기업이나 팀은 물론 일반 유저들도 다양한 목적으로 자유롭게 그룹을 만들고 사용하고 있답니다.

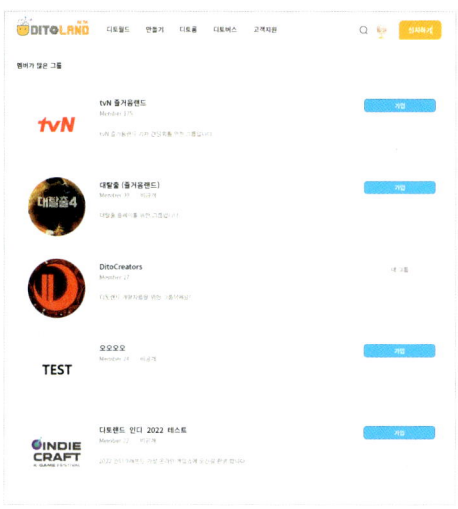

2-145 디토랜드에 생성된 그룹 예시

그룹 기능을 설정하는 자세한 방법은 그룹 기능 매뉴얼에 기재되어 있습니다. 그룹 기능 매뉴얼은 디토랜드 교육 사이트나 아래 QR 코드로 접속하여 확인할 수 있습니다.

2-146 디토랜드 플레이스 매뉴얼 보기[43]

---

43 디토랜드 교육 사이트(https://edu.ditoland.com)에 접속하면 디토랜드의 다양한 매뉴얼을 확인할 수 있다.

CHAPTER 3

메타버스의 미래 전망과 보완점

1. 메타버스의 발전 방향
2. 메타버스의 보완점

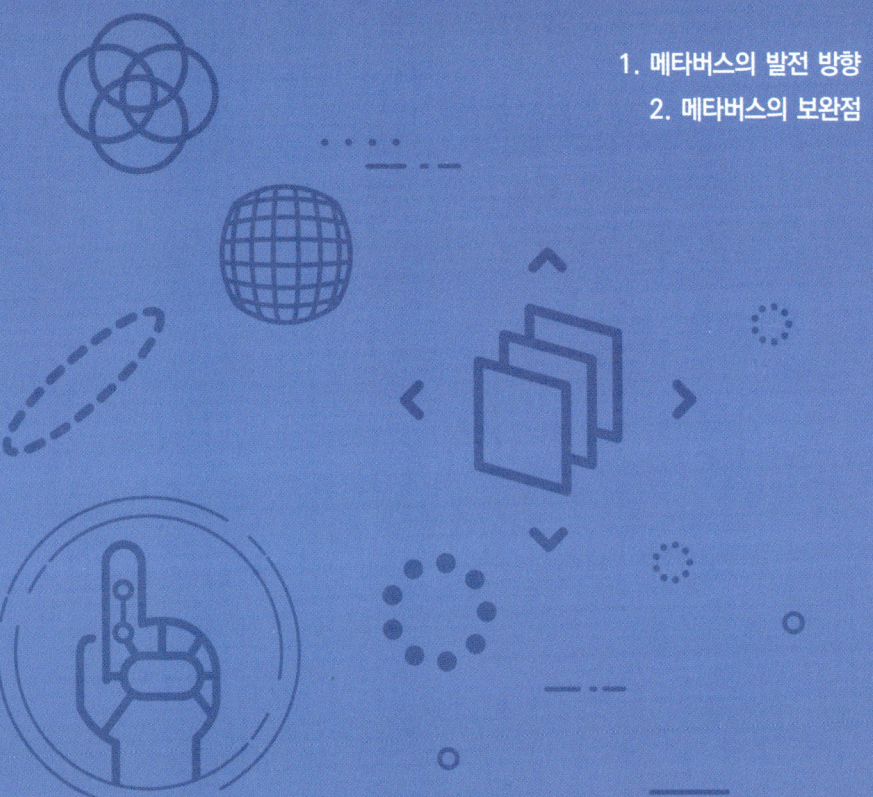

1 메타버스의 발전 방향

많은 사람이 메타버스의 등장에 새로운 시대 흐름의 변화를 기대하고 있습니다. 정치, 경제, 사회, 문화 등 대부분의 영역에서 메타버스에 대한 관심이 증대되고 있습니다. 2008년 카카오톡 메신저 앱이 처음 나왔을 때 새로운 문자서비스 앱에 대한 환영보다는 의심과 불신이 컸습니다. 익숙한 현실에서 무언가 다르다는 것은 이질감과 함께 불안감 그리고 두려움을 갖게 합니다. 그러나 메타버스는 세상에 없던 새로운 것이 아닌 현실의 확장된 세계이기 때문에 불안해하거나 두려워하지 않아도 됩니다. 오히려 새롭게 도전하여 성공과 실패를 연습하기에 좋은 곳이 메타버스입니다. 단순한 체험을 넘어 자신의 삶과 연결할 수 있는 부분을 찾아 메타버스 만들기에 도전해 보세요. 앞으로 메타버스는 새로운 기술과 문화로 자리 잡을 것입니다.

그러나 지금까지 메타버스에 대한 연구는 많은 전문가에 의해 다루어졌음에도 불구하고 메타버스를 이용하는 사용자 경험에 대한 연구는 크게 이루어지지 않았습니다. 인터넷의 미래로 많은 기대를 받고 있는 상황에서 메타버스가 가지고 있는 강점을 알아보고, 메타버스가 내포하고 있는 잠재적 문제점에 대해 짚어 보겠습니다.

1.1 비대면의 장점 활용

코로나19는 생활에 많은 변화를 가져왔습니다. 이제 오히려 과거의 모습이 어색할 정도로 익숙한 일상이 되었습니다. 즉, 대면 접촉을 피하기 위해 시작된 화상 회의나 원격 수업, 재택근무 등의 온라인의 일상과 경제 활동은 선택이 아니라 필수인 상황이었고, 코로나19 이후에도 상황에 따라 언제든지 적용할 수 있는 하나의 생활양식이 되었습니다.

이러한 팬데믹 현상 이전에는 사전 녹화를 통한 영상 시청 수업과 오프라인 수업을 병행하는 방식의 혼합 수업이 일반적이었으나, 팬데믹 이후에는 줌(Zoom), 구글 미트(Google Meet), 웹엑스(Webex) 등 온라인 화상 회의 지원 플랫폼을 활용한 화상 회의/수업과 오프라인 수업을 병행하는 방식으로 변화했습니다. 포스트 코로나 시대의 혼합 수업은 점차 현실의 연장으로 보는 메타버스 속에서 발전할 것으로 예상됩니다. 새로운 문화 플랫폼에 대한 인식 정도의 차이, 인터넷 네트워크 속도와 같은 인프라가 완전하게 구축되기 이전 기간까지는 부족하지만 교수자와 학습자가 직접 화면 속에서 소통하고 정보 습득을 하는 방식으로 활용해야 할 것입니다. 하지만 5G와 같은 네트워크 기술의 고도화, 발전된 그래픽 기술과 다양한 구조의 디스플레이의 발전을 통해 더욱이 활성화가 되면 메타버스의 활용 가치는 더 높아질 것입니다. 시공간의 제약으로부터 자유로워지고, 높은 연결성과 몰입도를 통해 많은 사람들이 메타버스 속에서 자유로이 활동할 수 있을 것이라 예상됩니다.

유티플러스 인터랙티브는 최근 '제1회 디토랜드 크리에이터 경진대회'의 시상식을 디토랜드 메타버스에서 진행했습니다. 이번 시상식에서 참가자들은 오프라인 행사처럼 좌석에 앉아 행사에 참가했습니다. 사회자의 진행에 따라 수상자는 앞으로 이동하여 상장을 받고 참가자들은 텍스트 채팅과 아바타의 환호로 축하를 표현했습니다. 실제 얼굴을 보지는 않지만 서로의 감정을 아바타를 통해 느낄 수 있습니다. 또한 메타버스에서 이루어졌기 때문에 전국 각 지역의 경진대회 참가자들이 쉽게 참여할 수 있었습니다. 만약 오프라인 행사로 진행되었다면 행사 장소, 교통비, 이동 거리, 시간 등 고려해야 할 것이 많았을 것입니다.

3-1 제1회 디토랜드 크리에이터 경진대회 시상식 모습

1.2 현실 세계의 연장

　메타버스의 가상 세계에서 자신의 아바타를 만들고, 원했던 공간, 아이템 등을 직접 만들어 다른 사람들에게 판매하는 것이 이제는 더 이상 낯선 상황이 아닙니다. 이제는 어떻게 메타버스 속 사회 활동이 더욱 원활하게 이루어질까를 고민하는 시기입니다. 가상 세계에서의 경제 활동이 현실과 이어진다는 개념은 이전의 인터넷 가상 공간에서는 다루어지지 않았습니다. 하지만 메타버스 세계 속에서는 경제 활동의 가능 여부를 넘어 현실 세계와 연결되어 판매 및 구매 과정이 이루어지고 있습니다. 1999년 싸이월드 미니홈피에서는 스킨과 아바타 아이템, 배경음악(BGM) 등을 '도토리'라는 사어버 머니로 구매할 수 있었습니다. 그리고 2021년 싸이월드Z는 메타버스 형태로 돌아와 암호화폐를 활용하고 있습니다. 메타버스 안에서는 플랫폼만의 경제 활동이 이루어지고 이러한 경제 생태계를 유지하기 위해 화폐 개념을 가지고 있습니다. 디토랜드에서도 아바타에 자신이 원하는 아이템을 사용하기 위해서는 다양한 활동을 통해 골드를 얻어야 합니다. 디토랜드 안에서의 경제 활동은 현실 세계와 어떻게 연결될지에 대해서도 기대가 됩니다.

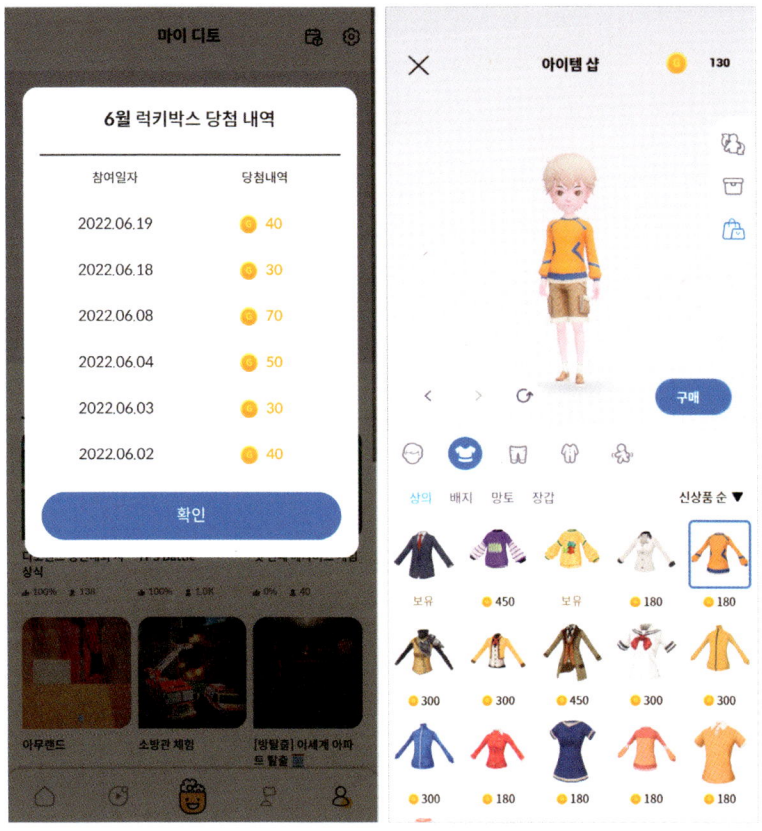

3-2 디토랜드 럭키박스 이벤트로 획득한 골드를 아이템 샵에서 사용하는 모습

　현실과 메타버스를 연결해 주는 가장 중요한 요소는 바로 아바타로 표현되는 '나'입니다. 2021년 12월부터 2022년 2월까지 TV조선채널에서 방영된 '부캐전성시대-메타버스 아바타쇼'라는 프로그램이 있었습니다. 갤럭시코퍼레이션과 페르소나페이스라는 제작사 협업을 통해 마미손, 폴킴, 원슈타인, 산이 등 유명인의 가상 아바타를 생성하여 공연을 펼치는 것은 그야말로 메타버스가 얼만큼 우리 주변에 근접했는지 알려 주는 사례였습니다. 이처럼 흔히 '부캐'라고 칭하는 개념은 메타버스 등장 이전부터 이미 경험하고 있는 사회적 역할에 대한 재조명일 수 있습니다. 학교, 회사, 집 그리고 온라인 상의 카페, 게임, 동호회 등 누구나 모든 곳에 똑같은 역할을 담당하지는 않습니다. 메타버스 내의 아바타로 대변되는 나의 부캐는 이제 현실의 나를 뛰어넘기도 합니다. 아바타의 외형, 의상, 표정, 감정 표현이 현실보다 자유롭기 때문에 어쩌면 현실의 나보다 나의 본성을 더 잘 표현할지도 모릅니다.

　메타버스에서 만나는 사람은 컴퓨터 속 가상 인물이 아닌 같은 반 친구이거나 동료, 부모님이 되기도 합니다. 채팅과 음성을 통해 쉽게 의사소통할 수 있습니다.

이러한 특성을 고려한 게임 업체는 메타버스 게임을 개발하고 있습니다. 메타버스 안에서 게임을 활용하면 유저들 간의 특정한 관계에 기반한 공간 구성 및 스토리, 게임 기획, 디자인, 자신을 닮은 캐릭터 개발까지 가능합니다. 유저들은 메타버스 공간을 서로 공감하며 소통할 수 있는 하나의 창구로 활용할 수 있습니다.

그러나 메타버스 공간에서 현실을 중심으로 한 게임의 각 요소를 표현하기에는 한계가 있습니다. 따라서 메타버스 게임 업체는 현실 유저들의 특성과 문화 등을 다양한 관점에서 고려 및 분석하여 게임 요소들을 반영하여 기획해야 할 것이고, 나아가 유저가 직접 게임을 만드는 형태까지 지원해야 할 것입니다.

1.3 미래 기술 발전에 따른 지속가능성

사람들은 무엇을 얻기 위해 메타버스에 접속할까요? 과거 인터넷 등장 초기에 많은 우려 속에서도 인터넷을 적극적으로 활용했던 사람들은 '정보 획득'이라는 이점을 얻기 위해서 인터넷에 접속했습니다. 지리적 위치 때문에 접근하기 어려웠던 정보도 인터넷 덕분에 쉽게 습득할 수 있었습니다. 인터넷의 다음 미래라고 하는 메타버스는 어떠한 이점이 있기에 많은 사람들이 사용하고 있을까요? 메타버스 사용자들은 정보 획득뿐 아니라 타인과의 상호 작용, 나만의 아바타를 통한 자기 표현, 그리고 단순히 즐거움 때문에 메타버스를 활용합니다. 가상 공간에서 가장 중요한 것은 시각적 효과입니다.

대학교 입학식부터 OT, 신제품 광고, 대기업 공모전 시상식 등 각 분야의 최신 정보를 실시간으로 업로드하면 사용자들은 이미지와 영상 등 시각적 자료를 통해 정보를 쉽게 습득할 수 있습니다. 그리고 이 과정에서 메타버스에 적용되는 유용한 기술을 경험하고 그 기술을 활용하여 다시 새로운 정보를 생산할 수 있습니다. 메타버스가 과거 인터넷과 크게 다른 점은 이러한 정보 습득과 기술의 발전이 혼자가 아닌 수많은 사람들에게 함께 공유되고 발전된다는 것입니다. 그러면서 사용자들은 자신을 나타낼 수 있는 아바타 또는 아이템 등을 직접 제작하고 판매하면서 자아를 표출하고 타인에 공감하기도 하는 공간으로 메타버스를 활용합니다. 이렇게 사람들은 가상 공간에서 서로 만든 아바타와 아이템을 공유하며 새로운 즐거움을 찾습니다.

메타버스를 더욱 생생하게 보여주기 위한 기기의 발전도 이루어질 것입니다. 기술의 발전은 생활 패턴에 영향을 주게 됩니다. 과거 TV 앞에 모여 정해진 시간에 정해진 프로그램을 시청하는 것에서 PC와 스마트폰을 활용한 OTT(Over-the-top)서비스 인터넷을 통해 방송 프로그램 등 각종 미디어 콘텐츠를 제공하는 서비스[44]를 통해 영상 콘텐츠를 즐기는 것으로 변화하였습니다. 앞으로 메타버스 관련 기술이 더욱 발전한다면 현실의 물건들을 메타버스 상의 디지털 상품으로 보고 사용하고 구매하는 패턴이 증가할 것입니다. 그리고 그 과정에서 보다 현실감을 느낄 수 있는 컴퓨터 그래픽을 구현하기 위해 지금의 컴퓨터보다 고도화된 CPU, GPU 등을 발전시켜 나갈 것입니다. 앞으로 메타버스는 이러한 특징을 다양한 형태로 제공하기 위해 더욱 발전된 기술을 도입할 것입니다.

44 인터넷을 통해 방송 프로그램 등 각종 미디어 콘텐츠를 제공하는 서비스

2
메타버스의 보완점

　사람들에게 무한한 기회의 장을 제공하고 현실을 뛰어넘는 새로운 삶을 살 수 있도록 하는 메타버스, 과연 좋은 점만 있을까요? 전 세계가 메타버스에 집중하자 여기저기서 메타버스 산업에 뛰어들며 곳곳에서 메타버스 관련 기술과 플랫폼들이 우후죽순 생겨나고 있습니다. 하지만 메타버스의 기술이 발전 중인 틈을 타 곳곳에서 취약점이 드러나고 있습니다. 우리가 살아가는 세상이 그러한 것처럼, 메타버스 역시 그림자가 공존하는 세상입니다.

　한국인공지능윤리협회 한정택 부회장은 메타버스의 공정하고 안전한 문화 형성을 위해 "성희롱, 경제 활동 시 사기, 횡령 문제, 아바타에게 현실에 사는 사람과 마찬가지의 동일한 권리를 보장할 것인지 등 법 적용 시 국경의 문제를 포함, 건전한 문화를 만들기 위한 제도적인 고민도 필요하다"고 말하였습니다.[45]

　사실 메타버스를 올바르게 이해하기 위해서는 직접 경험해 보는 것이 중요합니다. 메타버스는 인터넷의 다음 세계라고 여겨지는 만큼 혼자만의 공간을 즐기는 것보다 다른 사람들과의 상호작용을 통해 얻을 수 있는 경험을 다양하게 해 보는 것이 좋습니다. 그렇다면 메타버스를 활용할 때는 어떤 점에 주의해야 할까요?

---

[45] "가상공간의 진화, 메타버스. 이제 윤리 문제에 답해야", Ai타임스, 2021.09.23., http://www.aitimes.com/news/articleView.html?idxno=140489(2022.05.26.)

2.1 메타버스 공간에서의 윤리적 인식

인공 지능이 사람들에게 관심을 받기 시작한 때를 기억하시나요? 전문가들은 인공 지능의 발전이 가져올 문제점에 관심을 기울였습니다. 특히 우려했던 부분은 바로 '윤리' 문제였습니다. 실제로 인공 지능 챗봇이 편향적인 데이터를 학습하여 차별적인 발언을 하는 등 논란을 일으킨 사례도 있었습니다.

이제 AI윤리를 넘어 메타버스 윤리에 주목하는 시대가 왔습니다. 메타버스 세계 속에는 많은 사람이 살아가고 있습니다. 아바타라는 가상 캐릭터를 통해 활동하지만 현실의 연장선으로 인식되는 메타버스의 아바타는 단순한 캐릭터의 의미를 넘어서기도 합니다. 수많은 사람이 모였기 때문에 발생할 수 있는 소통 문제가 대표적인 예입니다. 먼저 텍스트나 음성 채팅은 메타버스 속 의사소통을 원활히 할 수 있는 매우 중요한 기능이지만 장점만큼이나 단점도 가지고 있습니다.

메타버스 상에서는 오프라인의 의사소통과 상당히 다른 양상을 보입니다. 아바타의 행동과 표정, 일부 채팅을 통해 소통하기 때문에 발생할 수 있는 오해의 소지가 있습니다. 보이스 채팅을 사용하기도 하지만 마이크 사용이 제한되거나 선호하지 않는 경우가 많습니다.

사람은 표정이나 뉘앙스를 통해 여러 가지를 내포하고 있는 말과 행동에 대한 의미를 알아갑니다. 특히 서양권 문화에 비해 예의와 겸손을 중시하는 동양권 문화에서는 의사 표현에 대한 검열이 다소 무거운 편입니다. 따라서 비언어적 표현이 상당 부분을 차지하는 메타버스 상에서는 자유롭되, 오해가 생기지 않도록 하는 것이 중요합니다. 메타버스에서는 상대방의 정체를 명확히 알 수 없기 때문에 더욱 상대방을 배려하고 존중해야 합니다.

일반적으로 메타버스 공간은 현실 세계와 비슷하지만 완전히 다른 공간이라는 인식을 가지고 있습니다. 따라서 사용자들은 현실에서 마땅히 지키고 행해야 하는 도덕적 규범들을 메타버스 공간에서는 지키지 않아도 된다고 생각하기 쉽습니다. 예를 들어 현실의 학교에서도 문제가 되는 집단 따돌림은 오프라인에서 온라인으로까지 확장되고 있습니다. 온라인 집단 따돌림이 더 무서운 것은 학교를 벗어나도 끊을 수 없다는 것입니다. 메타버스 상에서도 발생할 수 있는 집단 따돌림의 문제의 소지가 있습니다. 물리적 가해가 없는 대신 채팅 메시지나 아바타의 움직임과 행동으로 정신적 피해를 줄 수 있습니다.

메타버스를 구성하는 각 개인 유저의 자발적인 윤리 의식 고취가 물론 중요한 핵심 과제이지만, 각 국가 및 정부 기관 차원에서의 윤리 규범이나 법 제정이 필요하다는 입장도 있습니다.

앞으로 더욱 많은 사용자들이 메타버스에 접속할 것으로 예상되기 때문에 윤리적인 문제가 일어날 확률도 커질 것으로 보입니다. 또한 메타버스상에서는 각 국가 간의 경계도 허물어지기 때문에 특정 국가의 법 체계에 기댈 수도 없는 노릇입니다. 따라서 메타버스 플랫폼 자체적으로 사용자들의 윤리 의식을 고취하는 캠페인을 열거나 규칙을 정하는 등의 노력이 필요해 보입니다.

2.2 메타버스 관련 문제 인식

메타버스를 올바르게 이용하기 위해서는 메타버스에서 어떤 문제가 일어나고 있는지 알아보고, 어떻게 대처해야 할지 생각해 봐야 합니다. 메타버스가 범죄의 도구로 사용되거나, 현실 도피처로 사용될 여지가 있기 때문입니다. 메타버스로 인해 심화되는 디지털 격차에도 주목할 필요가 있습니다. 새롭게 생겨나는 메타버스 관련 문제는 어떤 것이 있는지 살펴보고, 여러분이라면 어떻게 대처할 것인지 생각해 보시면 좋을 것 같습니다.

1 신종 온라인 범죄

국회입법조사처는 최근 보고서에서 "메타버스는 개인 간 상호 관계를 기반으로 하기 때문에 모욕·비하·인신공격과 같은 개인 간 문제가 발생할 수 있다"며 "주요 이용자인 10대에 대한 아동 성범죄 우려가 크다"고 분석했습니다. 이어 "아바타가 사적 공간에 들어가 프라이버시를 침해하거나, 다른 아바타에 폭력적 행동을 하는 문제 등이 발생할 수 있으므로 제도적·윤리적 대응 방안을 마련해야 한다"고 강조했습니다.[46] 메타버스는 인터넷 악성댓글이나 언어폭력의 문제와 같이 익명성을 악용한 폭력 및 성희롱 등의 문제 발생 가능성을 내포하고 있습니다.

---

[46] "Ai윤리 다음 문제, 메타버스 윤리는 어떻게?", 디지털데일리, 2022.01.21., http://m.ddaily.co.kr/m/m_article/?no=229793(2022.05.26.)

물리적인 법칙이 현실과 똑같이 적용되지 않는 메타버스 공간에서는 폭력적 행위의 한계가 명확하지 않다는 문제점이 있습니다. 남을 때리고 물건을 부수거나 도둑질을 하는 등의 행위도 메타버스 상에서는 아무런 제한 없이 일어날 수 있습니다. 현실에서 인간에게 부여되는 생명은 단 하나이지만 메타버스에서는 얼마든지 생명을 초기화하거나 새로운 아바타를 생성할 수 있기 때문입니다. 물건이나 건물이 파손되면 쉽게 복구할 수 있고, 복구하는데 드는 비용과 시간 또한 현실보다 적게 듭니다. 따라서 윤리적, 도덕적 기준 또한 현실과 달라질 수 있습니다. 메타버스에서는 어디까지가 문제인지 정하고 그 문제를 처벌하는 기준을 어떻게 잡을지 쉽게 정하기 어렵습니다.

인터넷에서 빈번하게 일어나는 악성 댓글이나 성범죄는 이제 메타버스로 옮겨가고 있습니다. 메타버스에서 아바타를 사용해 소통한다는 점에서 많은 사용자들이 낯선 사람과 상호작용을 하는데 거리낌이 없습니다. 메타버스에서는 아바타만 보았을 때는 상대방의 나이나 성별을 가늠하기가 어려운데 이런 점을 범죄에 악용하는 경우가 있습니다. 한 예로 네이버의 메타버스 플랫폼인 '제페토'에서 미성년자에게 대화를 걸어 성적 수치심을 일으키는 메시지와 성 착취물을 전송한 가해자가 성 착취물 소지 등의 혐의로 검찰에 송치되기도 했습니다.[47]

이러한 폭력이나 성범죄 외에도 잠재된 문제점들이 있습니다. 메타버스 상에서 제작된 콘텐츠에 대한 저작권 분쟁 가능성도 있습니다. 사용자가 창작한 아이템 및 가상 공간, 게임, 아바타의 외형 등을 다른 사용자가 표절할 수 있습니다. 모방이 쉬운 인터넷 환경에서 타인의 아이디어를 이미지 혹은 영상 콘텐츠로 창작해 외부로 유출하여 수익을 창출하기까지의 과정이 쉽기 때문입니다. 콘텐츠에 대한 모방이 쉬운 만큼 저작권 분쟁에 대한 문제도 고려해야 합니다.

다른 문제점으로는 물리적인 모임이 필요 없다는 메타버스의 이점을 이용해 메타버스에서 극단적인 세력을 구축하려는 움직임이 있을 수도 있고, 테러 조직의 모임 공간이 생겨날 수도 있습니다. 전 세계에서 메타버스 상의 한 공간에 모일 수 있다는 점을 이용해 각국에서 한 자리에 모여 범죄를 공모할 가능성도 있습니다.

뿐만 아니라 경제적인 범죄도 일어날 수 있습니다. 메타버스가 기존의 인터넷 공간과의 가장 큰 차이점으로 손꼽히는 것이 바로 가상 경제 활동입니다. 로블록스의

---

47 "'초등생 노예 들어와' 메타버스로 번진 청소년 대상 성범죄", 동아일보, 2022.03.08., https://news.naver.com/main/read.naver?mode=LSD&mid=sec&sid1=001&oid=020&aid=0003415113(2022.05.26.))

'로버스'나 제페토의 '젬'처럼 가상 화폐 단위가 현실에서 통용되는 화폐와 연결되면서 불법 거래, 아이템 사기 등의 경제 문제도 발생하고 있습니다. 세금 내는 것을 피하기 위해 메타버스에서 가상 화폐로 돈을 세탁하는 경우가 발생하는 사례가 있다고도 합니다.

지금까지 언급된 사례 이외에 이전에 없었던 신종 범죄가 새롭게 생겨날 가능성도 있습니다. 하지만 현행 법률이 오프라인의 아날로그 공간을 기반으로 구축되어 있어 범죄의 처벌에 공백이 생기고 있는 실정입니다. 메타버스가 빠르게 발전하는 만큼 관계자들도 메타버스가 가져올 윤리적 문제를 해결하기 위해 여러 분야에서 논의를 진행하고 법 제정도 이루어져야 할 것입니다.

글로벌 기업들은 메타버스에서 일어나는 범죄를 예방하기 위한 방안들을 내놓고 있습니다. 메타는 아바타의 '개인 경계(personal boundary)' 기능을 실행해 아바타 간 120cm의 거리를 유지하는 거리 두기 정책을 시행했습니다. 호라이즌 월드에서도 거리 두기가 시행되고 있으며 사용자가 직접 이 기능을 비활성화할 수 없도록 설정했습니다.

2 메타 페인

메타버스가 제공하는 가상 공간은 자칫 잘못하면 현실의 도피처가 될 수 있다는 점에서 기술 발전의 양면성을 주의할 필요가 있습니다. 현실 도피를 위해 메타버스에 접속하는 사용자는 메타버스 세상에서 현실로 좀처럼 빠져나오지 못하는 '메타 페인'이 될 가능성이 높습니다. 처음 메타버스라는 용어를 사용한 소설 『스노 크래시(1992)』에서 주인공의 현실 직업은 피자 배달부이지만, 메타버스상에서는 실력 있는 해커입니다. 대부분의 사용자는 메타버스상에서 현실에서 쓰지 못하는 페르소나의 가면을 쓰곤 합니다. 현실과 메타버스상의 자신을 완벽하게 동일시하는 유저는 드물 것입니다. 현실에서는 이루지 못하는 외모와 활동을 지원하는 것이 메타버스의 특별한 장점이자 주목받는 이유 중 하나이기 때문입니다.

과거 컴퓨터의 보급과 인터넷의 발달로 일명 '은둔형 외톨이'라는 사회적 문제를 야기하였던 것처럼 현실과 가상을 연결하는 메타버스의 가상 공간에 접속하여 현실을 외면하고 가상 세계에 과몰입하여 사용자의 자아 정체성을 잃는 문제가 발생할 수 있습니다. 새로운 기술의 발전이나 문화의 형성을 할 때는 기존의 것으로부터 탈피하려는 노력으로 성공을 거둘 수 있으나, 그에 따른 부작용이 따르기 마련입니다. 따라서 이러한 부작용을 사전에 파악하여 발생할 수 있는 문제에 대해 예방 조치를 할 필요가 있습니다.

메타버스 플랫폼을 사용하는 연령층의 상당수는 MZ세대인 10~20대로 이루어져 있습니다. 이에 사람들은 삶의 경험이 많지 않은 학생들이 부작용에 노출되지 않을지 우려하고 있습니다. 그러나 특정한 연령층에 대한 문제가 아닌 메타버스라는 전반적인 흐름을 이해하고 안전하고 유익한 활동을 지원할 수 있는 기술의 발전으로 이끌기 위한 사회적, 법적 제도가 필요할 것입니다.

3 디지털 격차의 심화

'혁신확산 이론'[48]에 따르면 기존과 다른 혁신을 이룰 경우 앞서서 경험하고 주도적으로 이끌어 가는 사회 구성원은 전체의 16%에 해당하고, 반대로 신기술이 대중적으로 통용되고 일상 생활에 활용되는 시점에도 뒤처지는 사회 구성원이 마찬가지로 16% 수준이라는 것입니다. 특히 단순히 개인의 취미나 레저 등 취향에 따른 선택적 기술이라면 격차에 대한 사회적 또는 개인적 문제 발생의 가능성은 적지만, 일상 생활을 위한 물품 구매, 타인과의 상호작용, 금융 거래 등 생활에 반드시 필요한 활동에 기반한 기술의 혁신에 대한 문제는 곧 '사회적 배제'로 이어진다고 보는 것입니다.

코로나19의 확산에 따른 팬데믹 상황에서 비대면 회의 및 시스템의 발전으로 한 차례 매체와 디지털 혁신을 겪은 이후 빠른 시기에 추가적으로 진행되는 디지털 문화의 전환은 디지털 소외 계층을 늘릴 수 있습니다.

메타버스의 등장은 이러한 디지털 격차를 가속화 시킬 수 있습니다. 디지털 격차 없는 완전한 미래 기술의 발전은 존재하지 않겠지만, 이로 인해 발생 가능한 사회적 문제는 충분히 고려해야 합니다.

앞서 언급한 기술 혁신에 따른 디지털 격차의 문제만큼이나 우려되는 격차가 있습니다. 바로 세대 간의 격차입니다. 인터넷의 등장, 스마트폰의 보급, 메타버스의 확장의 핵심은 시간, 공간의 제약을 뛰어넘어 전 세계 사람들이 자유롭게 소통하는 컴퓨터 시스템을 구축하는 것이라 볼 수 있습니다. 즉 다른 사람과의 상

---

[48] Rogers, E. M. (2003). Diffusion of innovations (5th ed.). Routledge.

호작용이 주된 키워드입니다. 기존 SNS 앱을 통해 활동을 하는 연령층은 상당수는 MZ세대입니다. 그리고 제페토 및 로블록스와 같은 메타버스 플랫폼을 통해 활동을 이어 오는 세대는 MZ세대보다 어린 알파세대(Generation A)로 2010년 초반 이후 태어난 연령층이라는 것입니다. 태어날 때부터 디지털 기기 및 문화에 익숙한 세대이기에 기술과 콘텐츠를 즐기는 것뿐만 아니라 직접 만들어 내기도 합니다.

향후 메타버스 기반의 기술 확산으로 생활 전반의 변화가 더욱 커진다면 기존 문화와의 마찰이 발생할 것이며, 주류 문화에 어울리지 못하는 세대가 발생할 것으로 예상됩니다. 그리고 이러한 분리는 세대 간의 단절로 이어질 가능성이 있기 때문에 기술의 격차뿐 아니라 문화 형성에 따른 세대 상호 간의 이해를 위한 통합 과정도 병행되어야 할 것입니다. 이에 메타버스를 개발하고 제공하는 기업은 기술 혁신에만 집중하기보다는 디지털 격차를 해소하며, 세대 간의 통합을 이끌어 낼 수 있는 통합적 메타버스 문화를 구축하여 사회적 가치를 고려해야 할 것입니다.

메타버스는 많은 사람들의 아바타가 모여 만들어 나가는 세상입니다. 아바타는 현실의 내가 확장된 모습입니다. 우리가 메타버스에서 한 말과 행동, 제작한 콘텐츠가 쌓여 메타버스 생태계를 형성하고 발전시켜 나갑니다. 여러분은 어떤 메타버스를 만들어 나가고 싶으신가요? 모든 사람이 안전하고 편리하게 활동할 수 있는 메타버스를 만드는 것은 여러분의 손에 달렸습니다.

용어사전

ㄱ

가상 화폐 18
컴퓨터 등에 정보 형태로 남아 실물 없이 사이버상으로만 거래되는 전자화폐의 한 종류.

가상 현실 25
어떤 특정한 환경이나 상황을 컴퓨터로 만들어서, 그것을 사용하는 사람이 마치 실제 주변 상황, 환경과 상호작용을 하고 있다고 느낄 수 있게 만드는 인간과 컴퓨터 사이의 인터페이스.

거울 세계 27
실제 세계를 가상의 공간에 그대로 가져가 똑같이 구현한 것.

게임 기법 45
게임의 목표, 승리 조건, 다양한 캐릭터와 아이템, 게임 공간, 규칙, 운 등을 말한다.

감각적 반응 46
플레이어가 게임을 플레이하면서 느끼는 모든 감정적인 반응을 포함하는 것.

ㄷ

디토랜드 플랫폼 52
유저가 디토랜드 스튜디오로 제작한 메타버스 월드에 접속해서 게임을 플레이하거나 다른 사용자들과 소통할 수 있는 디토랜드 웹사이트.

디토랜드 스튜디오 30
디토랜드 월드를 직접 제작할 수 있는 소프트웨어 프로그램.

디토랜드 대시보드 67
아바타를 꾸미고 변경할 수 있는 소프트웨어 프로그램.

데칼 115
평면에 붙여지는 스티커 또는 이미지. 물, 유리, 얼음 재질에는 입힐 수 없다.

디토랜드 플레이스 35
디토랜드 모바일로 간편하게 메타버스를 만들어 소통할 수 있는 서비스.

ㄹ

라이프 로깅 28
우리가 살아가면서 얻게 되는 일상생활의 데이터를 센서가 수집하여 처리하고 반영하는 과정.

ㅁ

메타버스 12
'Meta'와 'Universe'의 합성어로, 가상 세계와 현실 세계가 상호 작용하는 공간.

메뉴바 77
디토랜드 스튜디오의 메뉴를 모아놓은 바(bar).

메쉬 115
3D 오브젝트의 외형 껍데기를 이루는 3차원의 데이터.

머터리얼 78
오브젝트의 재질로 벽돌, 플라스틱, 콘크리트 등이 있다.

ㅂ

베타 테스트 195
알파 테스트를 거친 후 정식 서비스 전에 하는 테스트로, 누구나 참여할 수 있고 문제점을 찾아 개선할 수 있다.

블록체인 18
디지털 콘텐츠에 위·변조를 막아 주는 고유한 인식 값을 부여해 원본을 지정하는 기술.

ㅅ

3D 모델링 108
3차원 공간에 3차원의 물체를 만들기 위해 거치는 과정.

스크립트 113
프로그래밍 언어가 아닌 언어로 작성된 짧은 프로그램이나 명령어.

ㅇ

알파 테스트 195
게임이 만들어지는 과정에서 가장 처음 하는 테스트.

아바타 15
인터넷의 가상공간에서 자기 자신을 나타내는 그래픽 아이콘.

아이템 샵 71
디토랜드 대시보드에서 아바타에 장착하는 아이템을 구매할 수 있는 메뉴.

인벤토리 75
디토랜드 대시보드에서 구매한 아이템을 확인하고 장착할 수 있는 메뉴.

월드트리 80
디토랜드 스튜디오에서 현재 맵에서 사용하고 있는 요소들을 모두 확인할 수 있는 메뉴.

오브젝트 115
랜드 위에 생성되는 물체로 직육면체, 원, 별 등 다양한 형태를 가질 수 있다.

ㅈ

증강 현실 26
디바이스를 사용해 실제 환경이나 물건에 가상 정보 시스템을 입히는 기술.

ㅋ

커스텀 67
디토랜드 대시보드에서 아바타의 체형, 얼굴, 눈, 코, 눈썹, 입을 설정하는 메뉴.

크리에이터 이코노미 18
사용자가 콘텐츠를 직접 생산하고 판매하는 경제 형태.

ㅌ

툴바 77
디토랜드 스튜디오에서 월드를 제작할 때 사용하는 툴들을 모아놓은 바(bar).

툴박스 82
사용자가 업로드한 토이 및 메쉬 등을 모아 놓은 보관함.

토이 113
툴박스의 토이 탭에 개발자 또는 사용자가 업로드한 객체로 오브젝트와 오브젝트를 조합하거나 메쉬, 스크립트, 콜라이더 등 다양한 객체로 구성된다.

태스크바 82
스튜디오 하단에 위치한 메뉴로 월드트리, 프로퍼티, 색상 팔레트 등의 메뉴 창을 껐다 켤 수 있다.

ㅍ

플레이어 경험 46
게임에서 특정 목표를 달성할 경우 그에 맞는 적절한 보상, 지위, 성취, 경쟁 이타심 등을 말한다.

프로퍼티 81
월드트리에서 선택하거나 맵에서 선택한 요소의 속성을 확인할 수 있는 메뉴.

ㅎ

환경 163
사용자에게 영향을 미치는 주변 조건이나 상태.

A

Aesthetics   46

미학을 뜻하는 단어로 플레이어가 게임을 플레이 하면서 느끼는 모든 감정적인 반응을 포함한다.

AR   26

'Augmented Reality'의 줄임말로, 증강 현실을 의미한다.

D

Dynamics   46

역학이라는 뜻으로 플레이어가 게임을 통해 경험하는 보상, 성취 등을 의미한다.

Environment   163

환경이라는 뜻으로 컴퓨터 응용 프로그램을 위한 하드웨어와 운영체제를 뜻하기도 한다.

F

FX   79

특수 효과(special effects)를 뜻하며 오브젝트에 추가할 수 있는 다양한 효과를 말한다.

M

Mechanics   45

기술, 기법을 의미하여 게임의 목표, 승리 조건, 캐릭터 등이 포함된다.

N

NPC   180

Non-player Character의 약자로, 게임 안에서 플레이어가 직접 조종할 수 없는 캐릭터이다. 퀘스트 제공이나 스토리 진행 등 다양한 콘텐츠를 제공하는 도우미 캐릭터이다.

U

UGC   29

User-generated Content의 약자로, 사용자가 제작한 콘텐츠를 말한다.

V

VR   25

Virtual Reality의 약자로, 가상 현실을 의미한다.